감정의 색깔

감정의 색깔

그림에 비춰 마음을 보다

김병수 지음

인물과
사상사

감정을 볼 수 있다면

마음이 괴로워지는 것은 이성이 아니라, 감정 때문이다. 우울증·조증 같은 기분장애나 공황장애·공포증 같은 불안장애는 자연스러운 정서와 불화를 겪기 때문에 생긴다. 업무 스트레스, 고통스러운 부부 문제는 달라진 감정을 못 받아들이기 때문이다. 그토록 열망하던 회사에 입사했는데 얼마 지나지 않아 "일이 싫어졌어요"라고 하고, 열렬히 사랑해서 결혼했는데 어느 순간 "이 인간이랑 이혼하고 싶다"고 말하는 것처럼 열정이 회의감으로, 사랑이 미움으로 변한 것을 스스로 인정할 수 없을 때 고통에 빠지게 된다.

 감정은 통제할 수 있는 게 아니다. 우리가 할 수 있고, 해야 하는 것은 있는 그대로의 감정을 인정하고 받아들이는 것이다. 감정의 실체를 있는 그대로 볼 줄 아는 힘을 키우는 것이 중요하다. 해상도가 높은 현미경으로 감정을 세밀하게 분해해서 정확하게 볼 수 있다면, 스트레스도 덜 받고 우울하고 불안해질 일도 확 줄어들 거다. 인간관계에서 갈등도 덜 생기고, 무엇보다 나라는 사람을 제대로 파악할 수 있게 된다.

 의학 기술이 발달했다지만, 아직 감정을 보여주는 기계는 없다. 자기공명영상으로 두개골 안을 들여다볼 수 있게 되었지만, 감정은 안 보인다. 테크놀로지가 아니라 아날로그적인 예술이 감정의 실체를 보는 데는 훨씬 유용하다. 시나 소설, 음악에 마음을 비춰보면 감정이 더 잘 보인다. 그중에서도 그림만큼 우리의 감정에 가까이 다가가는 도구는 없는 것 같다. 인간은 시각의 동물이다. 보이는 것에 즉각 반응하고, 무엇인가를 보여주면 변화의 동기도 강해진다. 그림이 내면화되면, 나라는 사람도 그림처럼 변해간다. 이 책에 내 나름으로 마음에 다가가는 그림을 뽑아 실었다. 내가 전하고 싶은 느낌과 이야기를 그림으로 보여주면, 독자의 감정에 조금 더 다갈 수 있지 않을까 하는 바람 때문이다.

하루하루를 충실하게 살면 "삶이란 이런 거구나!"라는 깨달음이 반드시 찾아온다. 지혜는 이렇게 터득되는 것이라고 나는 믿는다. 오늘의 나보다 조금 더 성장하고 싶다면 세상에 자신을 드러내고, 체험하고 또 체험해야 한다. 체험 없이 사람은 변하지 않는다. 몸을 움직이고 오감이 열려야 변한다. 행복해지는 방법도 똑같다. 일상에 충실하고, 경험을 포개고 또 포개야 행복이라는 감정에 닿을 수 있다. 은밀한 사생활처럼, 쉽게 드러낼 수 없는 체험과 개인적 일상에서 비롯되는 행복이 진짜다. 행복해지려면 "너희들은 절대로 알 수 없는 나만의 은밀한 행복이 있거든!"이라고 할 수 있어야 한다.

이 책에 거창한 이야기는 없다. 심각한 이야기도 없다. 위대한 가르침은 담겨 있지 않다. 소소한 일상, 짤막한 단상, 스쳐가는 느낌을 모았다. 이런 것들을 쭉 모아놓고 보니, 전하고 싶은 메시지는 세 문장으로 압축되었다. "나를 가르치는 것은 일상이다. 나를 바꾸는 것은 체험이다. 행복은 은밀하게 추구해야 한다."

2018년 늦은 봄

김병수

차례

◆◆◆◆

chapter 4 마음을 움직이는 그림

chapter 5 다양한 색깔로 그려낸 마음들

chapter

1

일상이 그림이 된다면

라디오를
좋아하세요?

라디오를 좋아한다. 음원을 재생해서 듣는 것보다 라디오
에서 DJ의 멘트가 노래에 덧붙여 나오면 귀가 행복해진다.
학창 시절, 라디오는 늦은 밤 찾아온 친구였다. 야간 자율 학
습을 마치고 집으로 돌아와, 불 꺼진 방에 라디오를 틀어놓
고 누워 있으면 라디오는 '오늘도 수고했어'라고 나를 다독
여주었다. 마흔을 훌쩍 넘긴 지금도 그때를 떠올리면 뭉클해
진다.

며칠 전 심야 라디오 프로그램에 게스트로 출연했다. 이전에도 라디오 상담을 한 경험이 있는데, 늦은 밤 출연은 처음이라 설렜다. 모두 잠든 시간에 친구의 방을 몰래 찾아 들어간 느낌이랄까. 전파에 담겨오던 DJ의 포근한 목소리를 곁에서 들으니 지금이 겨울이라는 것을 잊게 되었다. 그동안 내가 아껴 '먹던' 음악 하나를 세상과 나눌 수 있어서 더 좋았다.

나는 왜 이렇게 라디오를 사랑할까? 어쩌면 라디오는 심리 치료자와 같은 역할을 하는 게 아닐까? 그냥 두면 세상에 흩뿌려질 이야기를 모으고, 그렇게 모인 이야기에 따뜻한 마음을 담아 세상에 다시 돌려준다. 그렇게 돌아온 사람들의 이야기는 내 사연과 포개지고 이어지면서 고된 현실을 버텨낼 수 있게 해준다. 더 잘하라고 다그치지 않고, 네가 문제라고 비난하지 않으며, 어떤 어려움에 처하더라도 네 편이 되어줄 거라고 말해준다. 길을 잃고 헤매고 있을 때 '용기를 내서 한발 내디뎌봐'라고 응원한다. 좋은 글귀로 깨달음도 주고, 가슴을 뭉클하게 만드는 음악은 무뎌졌던 감성을 말랑말랑하게 풀어준다. 게다가 라디오는 공짜다.

방송을 마치고 어두워진 올림픽대로를 운전해서 집으로 돌아오는 길에 이런저런 생각이 머릿속을 스쳤다. 라디오에 보내진 사연을 듣고 나니 나만 힘들고 아픈 것은 아니구나 싶어서 안도감이 느껴졌고, '힘들다, 힘들다 해도 세상은 아직 살만한 곳이구나'라는 위안도 얻었다. 상담해준 내가 오히려 사람들의 사연으로 치유 받았구나, 하고 깨닫게 되었다. 한동안 나도 많이 지쳐 있었는데, 고마웠다. 공중으로 쏟아진 전파가 세상 곳곳을 이어주듯, 멀리 떨어져 얼굴 한번 본 적 없지만 우리는 서로서로 연결되어 살아갈 힘을 나누어주고 나누어받고 있었던 거다.

라디오와 성당(혹은 교회나 사찰)이 하는 일은 같다. 물론 라디오에는 십자가가 없고, 성당에서 전파를 쏘지는 않는다. 신과 라디오를 대등하게 보려는 것이 아니다. 라디오와 성당은 사람들의 이야기를 끌어들이기 때문이다. 인간에게는 이야기가 필요하다. 개인의 정체성도 따지고 보면 이야기다. 나에 대한 내 이야기가 바로 정체성이다. 역사도 인간들이 모여 만들어낸 이야기다. 문화도 마찬가지. 동시대 사람들이 화학작용으로 빚어낸 삶의 양식들이 모여 이야기가 된 것이 문화다. 이런 이야기들이 깔때기처럼 모여드는 곳은 어딜까? 바로 성당이다. 꼭 누군가를 향해 소리치지 않더라도 우리는 성당에서 기도로, 고해성사로, 하느님과의 대화로 기구한 이야기들을 풀어놓는다.

라디오에서 상담하다 보니 사람들이 진짜 듣고 싶어 하는 것은 내 상담이 아니라는 것을 알게 되었다. 내가 주저리주저리 읊어내는 말은 흘려들을 뿐, 진짜 듣고 싶어 하는 것은 따로 있었다. 동시대를 살아가는 사람들이 어떤 마음으로, 어떻게 살아가는지 그 이야기를 듣고 싶어 했다. 라디오는 그런 이야기들이 모여드는 곳이었다. 그래, 라디오와 성당은 자석처럼 이야기를 끌어당기는 곳이구나!

우울한 날엔
시장에 가자

　남대문 시장에 갔다. 20년 전 이탈리아 베네치아의 작은 가게에서 샀던 가방이 하나 있는데, 어깨끈을 연결하는 쇠고리가 부서져서 수선을 해야 했다. 집에서 멀지 않은 수선집에 맡기려 했는데, 예상보다 수리비가 비쌌다. 남대문 시장에 가면 조금 더 싼 가격에, 잘 수선해줄 곳이 있을 것 같았다. 버스를 타고 명동에 내려 시장까지 걸었다. 바람이 차가웠지만, 햇볕을 쬐니 따뜻한 기운이 느껴졌다.

남대문 시장의 한 상가 건물 3층에는 가방에 쓰는 쇠고리만 판매하는 가게들이 모여 있었다. 그곳에는 내가 찾던 구릿빛의 앤티크 디자인뿐 아니라 온갖 쇠고리가 유리 진열장과 서랍장에 꽉꽉 들어차 있었다. 주인아주머니의 활기찬 목소리를 들으니, 어떤 가방을 가져와도 그에 걸맞은 물건을 찾아주실 것 같았다. 별것 아니라고 할 수도 있지만, 내게는 놀라운 경험이었다. '20년 넘게 살아온 서울에, 지금껏 경험해보지 못한 세계가 여전히 많구나'라는 것을 새삼 느꼈다.

김난도 교수가 DJ로 활약했던 라디오 프로그램에서 상담 코너를 진행한 적이 있는데, 어떤 청취자가 의욕이 없어서 힘들다는 사연을 보내왔다. 그때 김남도 교수는 "나는 지치고 의욕이 없어지면 남대문 시장에 가요. 시장에서 활기차게 살아가는 사람들의 모습을 보고 있으면, 나도 힘이 나요"라고 말했던 기억이 난다.

내가 지금까지 경험한 세상은 닫힌 세계였다. 환자와 보호자 한두 명이 들어오면 꽉 차버리는, 창문도 없는 진료실에서 하루 종일 상담을 했다. 닫힌 공간에서 사람들의 이야기를 통해 얻게 되는 간접 경험으로 삶을 채워왔다. 일과가 끝나면 녹초가 된 몸을 이끌고 밤이 되어서야 집으로 돌아왔다. 이렇게 살다 보니 한낮의 햇빛을 마음껏 들이킬 수 없었다. 우울증 환자들에게 "햇빛 보고 많이 걸으세요. 집 밖에서 움직여야 마음이 건강해져요"라고 습관처럼 조언했지만, 정작 나는 그렇게 살지 못할 때가 많았다.

의욕은 새로운 경험을 계속해야 생긴다. 경계를 넘어 낯선 세상을 탐색할 때 진정으로 살아 있다고 느낄 수 있다. 제대로 살기 위해서는 약간 불확실하고, 약간 불편하더라도 새로운 세계에 자신을 던져 넣어야 한다. 멀리 갈 것 없다. 여행을 떠나온 것처럼 시장 구석구석을 헤집고 다녀보자. 닫힌 공간을 벗어나, 열린 세상을 향해 지금 당장 몸을 움직여보자.

언제 이루어질지 모를 꿈이지만, 내가 간절히 바라는 일과는 새벽에 일어나 한두 시간 글을 쓴 뒤 오전에 운동하고, 점심부터 오후 늦게까지 진료하고, 퇴근길에 시장에 들러 저녁 찬거리를 사서 저녁밥을 해 먹고, 늦은 밤까지 라디오와 음악을 들으며 책을 읽다 잠드는 것이다. 그렇게 큰 꿈도 아닌 것 같은데 실제로 이렇게 하기는 어려울 것 같다. 우선 개업하고 나니 병원 임대료에 관리비, 직원 월급에 각종 공과금과 보험료 때문에 마음 편히 쉬기가 어렵다. 개업할 때부터 수요일 오전은 휴진하고 있지만, 이것도 매달 나가는 병원 운영비를 생각하면 정신적 사치다.

'새로움에 도전하라'고 하지만, 어떤 때는 무탈하게 하루를 보낼 수만 있어도 우울해질 리 없겠다고 생각한다. 지치고 의욕이 없을 때 일부러 시장을 찾는 게 아니라, 매일 맛난 저녁밥을 준비하기 위해 퇴근길에 자연스레 시장에 들를 수 있는 시간과 여유가 생긴다면 우울증 환자도 많이 줄어들 것이 분명하다.

회색 일상에는
초록색이 필요하다

새로운 아이디어가 필요하면 나는 산에 간다. 아웃도어용 의자를 배낭에 넣어가서 그늘에 펼치고 앉아 풀과 나무와 구름을 찬찬히 본다. 그러면 딱딱했던 뇌가 서서히 말랑말랑해진다. 어느 순간 "이거다" 하고 머리에 전등이 켜진다. 오랫동안 상담했던 어떤 사장님은 동네 뒷산 나무에 해먹을 걸고 누워 있는 게 취미라고 했다. 공황장애를 앓고 있었는데, 나무를 벗 삼아 일요일을 보내면 주중에는 웬만큼 스트레스를 받아도 증상이 악화되지 않았다. 자연은 그에게 천연 안정제였다.

사람들은 듬성듬성 흩어진 수풀과 나뭇가지가 우거진 몸통 굵은 나무를 좋아한다. 이런 선호 현상을 '사바나 가설'이라고 한다. 인간은 본능적으로 인류의 조상이 거주하던 아프리카 동부와 비슷한 환경에 끌린다고 해서 붙여진 명칭이다. 누구나 자연에 대한 사랑 즉, 바이오필리아biophilia를 갖고 있다. 자연과의 접촉을 잃어버리면 마음은 병든다. 자연과 친밀해지면 스트레스가 줄어든다. 우울증과 불안장애도 예방할 수 있다. 도시인의 정신 건강이 점점 나빠지는 것은, 자연이 결핍된 환경 탓이기도 하다.

바빠서 공원에 갈 시간이 없다면? 약한 체력 탓에 뒷산 오르기조차 힘겹다면? 눈으로 자연을 음미하면 된다. 자연 풍경 사진을 10분 동안 본 뒤에 스트레스를 유발하는 문제를 풀게 했더니, 긴장이 덜했다. 망막을 거쳐 뇌에 도달한 자연 이미지가 부교감신경계를 자극해서 몸과 마음을 이완시켰기 때문이다. 수술 후 창밖으로 풀과 나무를 볼 수 있는 병실에 있던 환자는 벽만 보이는 병실의 환자보다 회복이 빠르고 통증도 덜 느낀다. 『사이언스Science』에 실린 유명한 연구 결과다.

　2017년 서울역 광장에 설치되었던 〈슈즈 트리〉가 9일간의 전시를 끝내고 철거되었다. 작품에 담긴 도시 재생의 메시지는 현대인이 새겨들어야 할 교훈이다. 그런데 〈슈즈 트리〉를 두고 흉물 같다는 이야기가 나돌았다. 자연 결핍증에 시달리는 도시인이 3만 개의 폐신발과 폐타이어로 이루어진 시커먼 형상에 본능적인 거부 반응을 보인 것이리라. 비타민 부족에 시달리는 사람에게 채소와 과일은 찔끔 주고 패스트 푸드만 잔뜩 가져다준 꼴이니, 몸과 마음이 도저히 받아들일 수 없었던 거다.

벵골고무나무, 극락조, 떡갈고무나무, 해
피트리, 황금죽, 크로톤……. 환자가 없는
시간에 분무기로 나뭇잎과 화분에 물을
뿌리고 있으면 그렇게 좋을 수가 없다. 작
은 의원이지만 곳곳에 나무 화분을 두었
다. 처음에는 환자들이 좋아할 거라고 생
각했는데, 하루 종일 실내에 있어야 하는
내가 더 좋아한다. 새로 난 이파리를 보면
뿌듯해지고, 썩은 잎을 잘라줄 때는 마음
이 아파진다.

요즘은 백화점에 가도 꽃 가게나 화분 가
게에서 제일 오래 머문다. 강남의 대형 백
화점에 갔더니 올리브 나무를 팔고 있었
는데, 은은한 빛깔의 나뭇잎과 희끗한 회
색빛 나무 기둥이 '나 오래된 나무야'라
고 말하는 듯했다. 아니나 다를까, 직원의
말에 따르면 백 살이 넘은 나무라고 했다.
한 그루 사서 병원에 가져다 두려고 가격
을 물었는데……음, 환자가 더 늘어나고
수익도 좀 생기면 사야겠다고 마음을 고
쳐먹게 되었다. 지금도 그 나무가 눈에 어
른거린다.

하늘을
본 적이 언젠가요?

얼마 전 방송국에 갔는데, 엘리베이터 벽면에 '구름의 순
우리말 이름'이라는 포스터가 붙어 있었다. 뭉게구름이나 먹
구름처럼 익숙한 이름도 있었지만 햇무리구름, 두루마리구
름처럼 입에 익지 않은 것도 있었다. 먼 하늘과 아이스크림
처럼 녹아내리는 구름을 보며 "이건 새털구름, 저건 비늘구
름"이라고 이름을 붙여주었던 때가 언제였을까? 몇 년 전 여
름에 런던의 햄프스테드 히스^{Hampstead Heath} 공원 풀밭에 누워

순간순간 모습을 바꾸는 구름에 별명을 붙여주었던 추억이
떠올랐는데, 정작 내가 사는 서울에서는 구름을 제대로 감상
한 기억이 없었다. 책을 쓴답시고 연구실 커튼을 내리고 컴
퓨터 모니터만 뚫어져라 보고, 진료실에서는 슬픈 표정 짓
는 환자의 눈망울만 하염없이 바라보며 살아왔기 때문일 거
다. 짬이 나도 고개 들고 위를 보기보다는, 코앞의 스마트폰
만 습관적으로 보았으니 하늘의 인상이 뇌리에 남아 있을 리
가 없었다. 미세 먼지 때문에 하늘을 제대로 볼 수조차 없었
던 탓도 클 테고.

'시선이 어디를 향하느냐'와 '어떤 감정을 느끼느냐'는 밀
접하게 연결되어 있다. 광활한 공간, 영원한 시간을 생각하
면 자기도 모르게 눈동자가 위로 올라간다. 교회 건물에 들
어서서 높은 천장을 보면 경외라는 감정이 불쑥 솟아오른다.
경외심은 우리 존재가 신이 만든 크나큰 세상의 아주 작은
티끌에 불과하다는 것을 일깨운다. 내 시선이 인간 존재에
관한 인식론에까지 닿는 것이다.

마음의 관점을 바꾸기는 쉽지 않다. 자기 계발서를 읽고 심리 상담을 받아도 습관처럼 굳어버린 사고방식은 잘 변하지 않는다. 하지만 시선은 바꾸기 쉽다. 매일 보는 것을 바꾸면 마음이 변한다. 하늘을 보고 광활함을 체감할 수 있다면, 나를 옥죄는 협소한 관점에서 벗어날 수 있다. 나라는 존재를 인류라는 큰 그림에서 이해하고 받아들일 힘이 길러진다. 우주 비행사가 먼 우주에서 지구를 보며 감동했을 때, 이 세상 온 인류가 한 형제라는 것을 깨닫게 된 것처럼.

가끔은 스마트폰에서 눈을 떼고 하늘과 구름을 보아야 한다. 우리를 지켜주는 신은 저 먼 하늘 어디인가에 있지, 눈 아래에 있지 않다. 우리는 신을 향해 틈틈이 위를 보며 살아야 한다.

"대학 병원에서 근무하는 동안 제일 힘들었던 것이 무엇이냐"라고 누가 물으면 부당한 이유로 나를 괴롭혔던 선배라고 말하고 싶지만⋯⋯그보다 힘들었던 것은 7제곱미터 정도 되는 작은 진료실에 하루 종일 있어야 한다는 것이었다. 창문도 없는 작은 방에서 9년을 상담했더니 광합성 못한 나뭇잎처럼 메말라갔다. 진료실이 고해소고 나는 신부라고 자기 최면을 걸며 버텼지만, 달라지지 않았다. 그렇게 오랫동안 지내다 보니 '개업하면 큰 창문이 있는 진료실을 얻어야겠다'고 마음먹게 되었다. 틈틈이 하늘을 올려다볼 수 있으면 좋겠다는 바람 때문이다. 창밖으로 나무도 보이고, 길 위를 흘러가는 사람을 볼 수 있으면 더 좋겠고. 그래야 내 마음도 챙겨가며 환자들을 돌볼 수 있을 것 같았다.

나를 찾아 떠나는
여행

내 음악 재생 목록에는 '하루 종일 들어도 질리지 않는 노래'가 있다. 그 속에 담겨 있는 곡 중 하나가 이상은의 〈삶은 여행〉이다. 주말에 서재에서 이 노래를 듣고 있었더니 딸이 한마디 한다. "또 그 노래야!" 워너원에 빠져 있는 여중생에게 〈삶은 여행〉은 제3세계 음악처럼 지루하게 들렸으리라.

이 노래를 요즘 더 많이 듣게 된 것은 영화 〈파리로 가는 길〉 때문이다. 돈 잘 벌고 유명한 남편과 프랑스 칸으로 휴가를 왔지만, 귀가 아파 비행기를 탈 수 없게 된 아내(앤)가 남편의 동료(자크)가 운전하는 차를 타고 파리로 향해 가는 짧은 여정을 인상주의 회화처럼 화사하게 그려낸 영화다. 극적인 스토리도 없고, 짜릿한 반전도 없는 이 영화의 여운이 이렇게 오래 남을 줄 몰랐다. 스크린에 스쳐가듯 흘렀던 프로방스의 보랏빛 라벤더와 생트빅투아르산의 이미지가 머리에 새겨지듯 박혀버렸다. 주황색 멜론을 홑이불처럼 덮은 하몽이 하얀 접시에 담겨 나오는 장면은 지금도 불쑥불쑥 떠올라 침이 고인다. 무엇보다 자크가 앤의 눈을 보며 "Are you happy?"라고 묻던 대사는 귀에서 좀체 지워지지 않는다. 오래된 생선 비린내가 나는 "당신은 행복합니까?"인데도 말이다.

〈삶은 여행〉이라는 노래를 좋아하는 것은 "눈물 잉크로 쓴 시, 길을 잃은 멜로디. 가슴과 영혼과 마음과 몸이 다 기억하고 있어. 이제 다시 일어나 영원을 향한 여행 떠나리"라는 노랫말이 가슴에 맺혀서다. 눈물로 적을 수밖에 없는 일을 겪으며, 어디로 흘러가는지 알 수 없는 삶이라도 다시 일어나 걸어가라고 다독여주기 때문이다.

〈파리로 가는 길〉의 여주인공 앤은 태어난 지 39일 만에 저세상으로 떠나버린 아들을 20년 넘도록 가슴에 품고 산다. 남편의 약과 양말을 챙겨주지만, 자신의 재능은 챙기지 못한 채 살다가 파리로 가는 길에서 자기를 향해 눈을 뜬다.

묘하게 겹쳐진 노래와 영화의 메시지는 하나로 모아졌다. 상처를 딛고 일어나, 진짜 자기를 찾아 길을 떠나야 행복할 수 있다는 것. 노래도, 영화도, 우리 인생도 모두 여행 같은 것일지도 모르겠다.

『구름빵』의 작가 백희나의 인터뷰를 보았는데, 그녀가
했던 말 중에 머릿속에서 지워지지 않는 문장이 있다.
"사회적 인간보다는 장인匠人이 되고 싶었다." 아, 내가
항상 마음속에 담아두고 있던 생각인데, 이렇게 간단히
표현하다니! 내 지향점도 그렇지만, 곰곰이 따져보면 내
가 좋아하는 사람도 모두 장인이라고 불릴 만한 이들이
다. 장인이라고 해서 꼭 거창한 작품을 만들었다는 뜻은
아니다. 내가 정의하는 장인은 '자신이 세운 목표를 위
해 반복하고 또 반복하는 사람'이다. 그들은 본질에 다
가가려고 똑같은 일을 수양하듯 계속한다. 이 정의에 따
르면 폴 세잔Paul Cézanne도 장인이다. 그가 그린 〈생트빅
투아르산〉이 예술인 이유가 미술사적 가치 때문은 아니
다. 세잔이 천착했던 가치를 향한 끊임없는 헌신의 현
현顯現이기 때문이다. 적어도 내 생각에는 그렇다.

고통 속에서
더 빛나는 것

끝내 울고 말았다. 연휴 동안 존 윌리엄스John Williams의 소설 『스토너』를 읽으며 슬픔과 분노, 열정과 회한의 감정들로 롤러코스터를 탔는데, 주인공이 숨을 거두며 "넌 무엇을 기대했나"라고 질문 같은 독백을 할 때 눈물이 흘렀다. 주인공 스토너는 영문학과 교수다.

비열한 동료 교수 로맥스의 끊임없는 방해와 위협 속에서도 그는 문학에 전념한다. 공부를 수단으로 삼지 않고, 인생 그 자체로 여기며 산다. 죽음의 순간에도 책을 손에서 놓지 못한다. 삶을 훼방하는 악인과 타협하지도, 꺾으려고도 하지 않았다. 하지만 힘없는 그에게 남겨진 것은 멸시와 고독뿐. 세속적인 기준으로 보면, 작은 성공과 큰 좌절로 점철된 것이 스토너의 인생이다.

만약 시간을 되돌릴 수 있다면, 스토너는 다른 선택을 할까? 암에 걸려 퇴직하는 순간까지 조롱을 일삼는 로맥스에게 굴종한 뒤 편히 사는 길을 택할까? 그것이 진정 그가 원했던 것일까? 아닐 것이다. 젊은 시절로 돌려보내도 그는 영원회귀처럼 똑같은 삶을 반복할 것이다.

슬프기도 했지만 이 소설은 묘한 안도감을 느끼게 해주었다. 스토너가 불행하게 여겨지지도 않았다. 그는 온갖 고통 속에서도 온전히 자기 삶을 살아낸 영웅이었다. 작가도 나와 같은 마음이었는지 인터뷰에서 이렇게 이야기했다. "그의 삶은 아주 훌륭한 것이었습니다. 자신이 하고 싶은 일을 하면서 그 일에 어느 정도 애정을 갖고 있었고, 그 일에 의미가 있다고 생각했으니까요."

　스토너는 현실과의 불화를 후회하지 않았을 것이다. 성공의 세속적인 기준에서 어긋나버린 삶을 '틀렸다'고 하지 않을 것이다. 영화 〈그렇게 아버지가 된다〉의 감독 고레에다 히로카즈是枝裕和의 말처럼 "모두가 되고 싶은 어른이 되는 것은 아니지만" 그래도 괜찮다고 할 것 같았다.

　이런 생각에 잠겨 있으니, 나도 모르게 김도향의 노래 〈시간〉이 흥얼거려졌다. "나의 시간을 되돌릴 수 있다면 난 어디로 돌아갈까.……그 모든 걸 이뤘다면 난 정말 행복했을까. 아님 또 다른 고민에 밤을 지샐까.……가슴 한켠 숨어 있는 후회도 내가 흘러갈 세월이 가려주겠지.……모두 내겐 소중했던 시절들……."

덴마크에 갔을 때다. 하루 일정을 비우고 루이지애나 미술관에 갔다. 코펜하겐에서 기차를 타고 한적한 시골 마을에 내려 조금 걷다 보면 이게 과연 미술관 입구인가 싶은 곳에 이르는데, 그곳을 통과해 들어가면 전시된 작품보다 하늘과 바다와 호수와 숲이 예술적인 공간에 들어서게 된다. 루이지애나 미술관은 자연이 진정한 예술이라는 것을 깨닫게 하는 장소다. 인간이 바득바득 예술품을 만들어도 자연에 빗대면 아무것도 아니니 겸손하라고 가르쳐준다. 미술관의 내부가 아닌 외부가 더 아름다운 곳, 그래서 인간의 한계와 자연의 완벽한 예술성을 가르쳐주는 곳이다.

그곳에서 신이 만든 자연만큼은 아니지만 완성도가 그것에 매우 근접한 예술품을 만날 수 있다. 알베르토 자코메티Alberto Giacometti의 조각이다. 그의 조각은 고통으로 점철된 현실에 오롯이 서 있을 때 빛을 발하지만, 자연 속에 있어도 존재감이 확연히 드러났다. 하지만, 그래도, 자코메티의 작품은 고통이 넘쳐나는 곳에 있어야 정수를 느낄 수 있다. 하염없이 느리게 흐르는 코펜하겐의 시간과 아름다운 자연 속에서는 '인간에게 실존적 고뇌라는 게 있기나 한가'라는 느낌이 들어 자코메티의 작품도 힘을 잃은 그림자처럼 보였으니까.

덴마크에서 본 자코메티와 서울에서 본 자코메티 중 어느 쪽이 더 자코메티다운 것일까 생각해보았는데, 역시 자코메티의 작품은 전쟁 같은 현실 속에서 그 진가가 드러났다. 서울이라는 현실에서 감상한 자코메티의 조각은 예술을 넘어 존재의 신비스러운 상처를 가슴에 품고 사는 인간의 대변자처럼 여겨졌으니까.

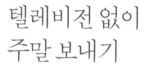

텔레비전 없이
주말 보내기

금요일 아침, 텔레비전을 켰는데 정지된 화면만 나왔다. 주말에는 텔레비전을 보며 소파에서 뒹굴뒹굴 시간을 보내려고 했는데, 고장이라니 낭패다. 서비스 기사에게 제품명과 상태를 설명했더니 "오래된 텔레비전이라 부품을 못 구해요. 곧바로 수리하기는 어려울 것 같습니다"라고 했다. 나는 마음을 바꾸어먹었다. '차라리 잘 되었다. 이참에 텔레비전을 완전히 끊어보자.'

금요일 늦은 오후, 헌책방에 갔다. 주말에 편하게 읽을 책을 사고 싶었다. 묵직한 고전은 사양한다. 짜릿한 장르 소설도 좋지만, 느긋하게 읽히는 에세이가 낫겠다. '풋' 하고 웃을 수 있다면 금상첨화. 에세이 코너를 살피다가 무라카미 하루키村上春樹의 『비밀의 숲』을 발견했다. 하루키의 웬만한 에세이는 다 읽었다고 여겼는데, 이것은 읽지 않았다. 책날개에 박힌 하루키의 사진을 보고 웃음이 빵 터졌다. 그의 나이 69세인데, 이건 뭐야. 폴로셔츠를 입고 어깨에 스웨터를 걸친 채 고양이를 안고 있는 푸릇한 얼굴이라니. 바로 구매를 결정. 작가 사진만으로도 즐거움을 주었으니, 중고 책값은 충분히 건졌다.

일요일 아침, 책상에 앉아 눈을 감고 기도를 한다. 그런 뒤 김치냉장고에 넣어둔 커피콩을 꺼내 핸드 밀로 간다. 프렌치 프레스로 커피를 만들려면 조금 굵게 갈아야 한다. 커피 가루에 뜨거운 물을 붓고 막대로 휘휘 젓고 5분 기다리면 완성. 인터넷 신문을 읽으며 커피를 마신 뒤, 피트니스 센터에 가서 운동하고 돌아오니 벌써 오후다. 클래식 FM 〈명연주

명음반〉을 틀어놓고 지난 금요일에 산 에세이를 읽는다. 술술 넘어간다. 그런데 얼마 못 가 졸음이 밀려온다. 잠깐 자고 일어났더니 벌써 저녁 먹을 시간. 나는 밥을 하고, 아내는 반찬을 만든다. 설거지까지 마치니 어느덧 밤이 되었다.

평소 같으면 텔레비전으로 〈효리네 민박〉을 보면서 제주도에 내려가서 살고 싶다는 몽상에 젖어 있을 시간이다. 참아보려 했지만 텔레비전 금단증상이 슬금슬금 일어난다. 버텨보려고 음악을 듣고, 책을 읽어도 집중이 안 된다. '지난주에 그 프로그램이 어떻게 끝났더라?' 딴생각이 자꾸 든다. '그러면 그렇지, 텔레비전을 완전히 끊고 어떻게 사냐!' 인내는 여기까지. 인터넷으로 텔레비전을 켰다. 컴퓨터 모니터에서 흘러나오는 제주살이를 보며 실실 웃고 있다. 텔레비전 보지 않고 주말 보내기는 사흘을 못 버티고 이렇게 끝나고 말았다. 작심삼일은 괜히 나온 말이 아닌가 보다.

60년 이상의 세월이 흘렀지만 이 그림이 풍자한 중산층 가정의 모습은 오늘날과 다르지 않다. 아니 똑같다. 거실 소파와 카펫, 텔레비전과 오디오와 진공청소기, 창밖으로 보이는 영화관과 포드(자동차)라고 쓰인 문양. 물질적인 대중문화가 지배해버린 가정의 모습은 지금과 다를 게 없다. 개인이 벗어날 틈새를 찾지 못할만큼 더 강하고 빠르게 소비적·쾌락적이 되었다는 것이 굳이 차이라면 차이라고 하겠다.

텔레비전은 공기처럼 우리 삶을 지배하고 있다. 스마트폰, 컴퓨터, 태블릿 PC로 형태가 바뀌었을 뿐. 어디선가 쏘아보낸 영상이 삶을 집어삼켜 버렸다. 보통의 의지로 벗어나기는 어렵다. 텔레비전이라는 물체를 집에서 물리적으로 제거하고, 인터넷을 강제로 끊어야 하지 않을까? 그래야 대중문화가 주입한 욕망에서 벗어날 수 있고, 그래야 진정으로 나다운 삶을 살 수 있지 않을까?

어설퍼도
괜찮아

왼손 쓰는 연습을 하고 있다. 쉽지 않다. 왼손으로 양치질 하면 매번 치약이 옷에 묻는다. 식사할 때는 감히 연습할 엄두도 못 낸다. 포크로 과일을 찍어 먹을 때 해보았는데 "야! 그만두고 하던 대로 해"라고 왼손에 소리 지를 뻔했다. 무언가를 왼손으로 할 때마다 "그것 밖에 안 되냐"라는 질책이 따라붙었다.

숟가락으로 밥을 뜨고, 문을 열고, 지갑에서 카드를 꺼내고, 화장실에서 휴지를 쓰고…… 오른손은 많은 일을 해왔다. 의식적으로 노력하지 않아도 오른손이 알아서 척척 해낸다. 대견하다. 그래서 그 나름으로 인정받아왔다.

손을 다쳤다고 하면 사람들은 "어느 손이에요?"라고 묻는다. 왼손이라고 하면 "다행이네요"라고 한다. 왼손이 들으면 얼마나 서러울까? 그동안 오른손만 아껴주고, 자기는 제대로 돌보아주지 않아서 그런 것인데. 왼손이 놀고먹는 것도 아니고 역할이 서로 다를 뿐인데.

타이핑을 많이 하는 사람은 체감하겠지만 왼손이나 오른손이나 하는 일의 양은 비슷하다. 한 손으로만 핸들을 잡고 운전하면 위험하다. 사과 깎을 때는 두 손이 조화를 이루어야 예쁘게 깎인다. 걸을 때 오른손만 흔들고 걸으면 보기에도 웃기지만 균형이 안 잡힌다. 오른손과 왼손은 서로 협동하지, 다투는 법은 없다.

왼손을 쓰면서 운동 능력과 뇌 기능이 증진되기를 기대했지만, 며칠 만에 그렇게 될 리는 없었다. 그런데 원래 의도와는 다른 깨달음을 얻게 되었다. 내 오른손은 46세다. 왼손은 7세나 8세쯤 될 것 같다. 새로운 일을 맡겨보니 딱 그 나이다. 왼손이 처음 해보는 일이니 실수할 수밖에 없는데, 나는 그것을 참지 못했다. 큰 실수가 아니니 그냥 웃고 넘기면 되는데, 짜증 내고 야단치고 싶은 마음이 앞섰다.

일상생활에서 왼손 쓰는 연습을 해보니 내가 그동안 초심자에게 관대하지 못했던 것은 아닌지 되돌아보게 되었다. 지금까지 학생이나 이제 막 사회인이 된 청년들에게 야단치기보다 격려를 아끼지 않아왔다고 여겼는데, 내 진심은 그렇지 않았을 수도 있겠다는 생각이 들었다. "나이 먹어도 꼰대가 되지 않을 거야"라고 아무리 외쳐도 나도 모르는 사이에 변할 수 있으니 항상 조심하고 또 조심해야겠다.

역시 두 손은 모여야 한다. '왼손은 오른손만 못하다'라는 말은 성립하지 않는다. 진정 의미 있는 일은 두 손이 합쳐졌을 때 이루어진다. 기도처럼 말이다. 어디 기도뿐이랴. 모든 가치 있는 것은 양극단이 모였을 때 완성된다. 카를 구스타프 융Carl Gustav Jung은 이를 두고 '대극의 합일'이라고 했다. 세상에 존재하는 모든 것에는 대극이 있다. 대극이 모여야 의미가 만들어진다. 어둠 없는 빛은 가치 없다. 양극과 음극이 있기 때문에 지구가 존재할 수 있다. 남자와 여자가 함께해야 역사는 지속된다. 인생의 진리는 언제나 모순된 두 쌍이 모인 곳에서 발견된다.

내 일상이
노래가 된다면

　김중혁 작가의 에세이 『모든 게 노래』를 좋아한다고 했더
니, 저녁 식사를 같이한 라디오 PD가 『닉 혼비의 노래(들)』
이라는 책을 추천해주었다. 오쿠다 히데오奥田英朗의 『시골에
서 로큰롤』이나 무라카미 하루키가 쓴 『의미가 없다면 스윙
은 없다』에 담긴 곡들을 찾아 들으며 즐거워했던 경험이 있
던 터라 제목을 기억에 새겨두었다.

솔직히 고백하자면 학창 시절 꿈 중 하나가 라디오 PD였다. 좋아하는 음악을 실컷 들을 수 있고, 게다가 멋진 책 구절도 소개해주니까 PD가 되면 좋아하는 책도 마음껏 읽을 수 있을 것 같았기 때문이다. 현실의 그 직업이 낭만적일 수 없다는 것을 알게 되었지만, 라디오 PD에 대한 동경은 아직 남아 있다.

낭만이나 동경과는 어울리지 않는 단어, 파업이라는 말을 들었을 때 가슴이 아렸다. 책과 음악과 라디오를 사랑하고, 어린 딸이 있는 워킹맘 PD의 조곤조곤하던 말투에 힘이 들어갔다. 부정적인 감정을 드러낸 적이 없었는데, 지난 10년 간 그녀가 겪었던 일을 이야기할 때는 분노가 느껴졌다. 외부인인 내가 그 속을 다 알 수 없지만, 세상에는 연대와 분노를 통해야만 바뀌는 것이 있다는 것을 안다. 작은 노를 붙들고 쉬지 않고 저었는데 배는 제자리만 맴돌았다는 것을 알았을 때, 노 젓던 사람이 해야 할 일은 노를 내려놓는 것이리라.

'큰 걱정 없이 소박하게 하루를 보낼 수만 있으면 좋겠다'

라는 바람이 나이가 들수록 더 간절해진다. 대박은 바라지도 않는다. 그저 하던 일을 묵묵히 계속하며, 하루가 순탄하게 흘러가면 좋겠다. 하지만 평범한 일상을 음미하기조차 쉽지 않은 세상을 살아야 한다는 것이 서글프게 느껴졌다. 좋아하는 음악과 책, 맛있는 음식을 나누며 즐거워야 할 그날의 대화는 파업이라는 소용돌이가 집어삼켜버렸다. 그녀의 일상도 그렇게 빨려 들어가버릴 것만 같았다.

며칠 뒤 읽은 『닉 혼비의 노래(들)』 속에 담겨 있던 음악이 내 귀를 호강시켜주었다. 여러 가지 힘든 일로 우울한 시간을 보내고 있었는데, 그 책을 읽으며 들었던 보석 같은 노래들이 마음을 밝혀주었다. 고마웠다. 그리고 모든 것이 제자리를 찾아, 평온한 일상에서 행복을 다시 누리기를 기도했다.

지금은 끝났지만 케이블TV의 한 채널에서 화가의 아틀리에를 찾아가 그들의 예술 세계를 인터뷰하는 프로그램이 있었다. 시즌 2인지 시즌 3인지 정확히 기억나지 않지만, 사공우 화가가 출연한 적이 있었다. 어느 시골 마을에 작업실이 있었는데, 그 곁에 텃밭도 있었다. 그는 미술 작업을 하지 않을 때 농사일을 했다.

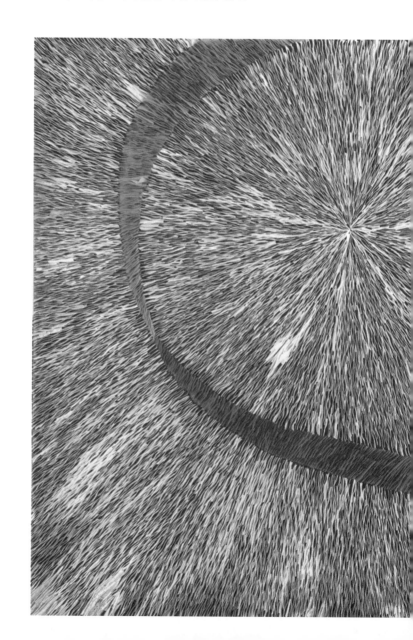

프린트로 그의 작품을 보는 것은 의미가 없다. 직접 봐야 한다. 그는 음표가 그려진 종이를 작게 오린 뒤에 캔버스에 하나하나 붙여서 큰 작품을 완성했다. 인쇄된 도판으로 보면 음표가 보일 리 없고, 종이를 오려 붙여 완성한 작품이라는 것도 알 수 없다. 이 그림도 멀리서 보면 노란색으로 뻗어나가는 광채 위의 붉은 리본처럼 보이지만, 그렇게 보면 안 된다. 이 작품은 미술이 아니라 캔버스 위에 울려 퍼지는 노래니까.

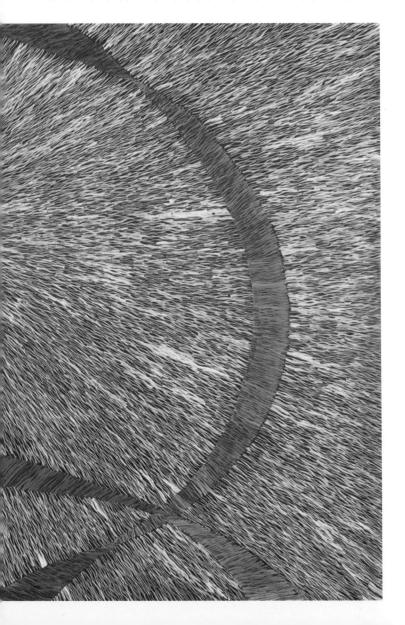

사람 여행,
'메이커'를 만나다

시간이 흐르고, 나이가 들면서 여행지에서 내 눈을 잡아채는 장면이 조금씩 달라졌다. 부끄럽지만 젊은 시절의 나는 밀라노 두오모보다 그 옆의 비토리오 엠마누엘레 갤러리아에 진열된 명품에 감동했다. 마크 로스코Mark Rothko의 작품을 사랑하게 된 후에는 그의 그림이 여럿 전시된 런던 테이트 모던에서 여행의 귀한 시간을 다 써버리기도 했다. 중년이 되어서는 인간 존재를 초라하게 만드는 자연 풍경이 마음을 홀렸다. 노르웨이 스타방에르의 프레케스톨렌^{Preikestolen}에 올랐을 때는 겁 많고 소심한 내가 350미터 낭떠러지 아래로 짙은하늘파란색 스카프처럼 피오르를 감아 흐르는 물길을 수직으로 내려다보고 싶어서 절벽 끝까지 걸어갔다.

요즘은 사람이 좋다. 여행지에서 우연히 마주친 사람에게 감동받는다. 최신 유행의 화려한 옷차림을 한 사람을 말하는 게 아니다. 아름다운 여성에게 끌린다는 말도 아니다. 길가에서 누구나 안을 들여다볼 수 있게 해놓은 작업실에서 무언가를 집중해서 만들고 있는 사람을 발견하면 넋 잃고 바라본다. 누군가는 기타를 만들고, 누군가는 목걸이를 만들고, 누군가는 바느질하고, 누군가는 고기를 다듬는다. 실례를 무릅쓰고 사진을 찍고, 인사말도 건넨다. 무슨 주책이냐고 하겠지만, '메이커'라고 불릴 수 있는 이런 사람에게 무한한 매력을 느낀다.

예전에는 유행하는 브랜드의 상품을 메이커라고 불렀고, 메이커를 가진 사람을 부러워하기도 했다. 호감의 대상이 이렇게 바뀐 것은, 세상이 변해버린 것도 한몫했다. 화려한 말로 세상을 풍요롭게 만들 수 있다고 웅변하는 사람이 너무 많다. 기발한 아이디어만 있으면 자기 손으로 직접 만들지 않아도 뭐든 다 될 것처럼 흥분하는 사람도 많아졌다. 진짜 좋은 물건을 만들기 위해 정성과 시간을 쏟아붓지 않고, 그럴듯하게 포장하고 광고하는 일이 더 중요하다고 믿는 세상이 되었다.

말과 생각만으로 세상이 풍요로워질 수는 없다. 우리가 이만큼 살만해진 것도 묵묵히 손과 발을 움직여 세상에 없던 것을 실재實在로 만들어낸 메이커들 덕택이다. 그럴듯한 말로 자기를 치장하는 사람을 보면 "그래서 당신이 몸을 써서 실제로 만들어낸 것은 무엇인가요? 그것을 제게 보여주세요" 라고 묻고 싶어진다. 그러고 보니 나도 말로 먹고사는 사람인데……더 겸손해지고 몸을 낮추어야겠다.

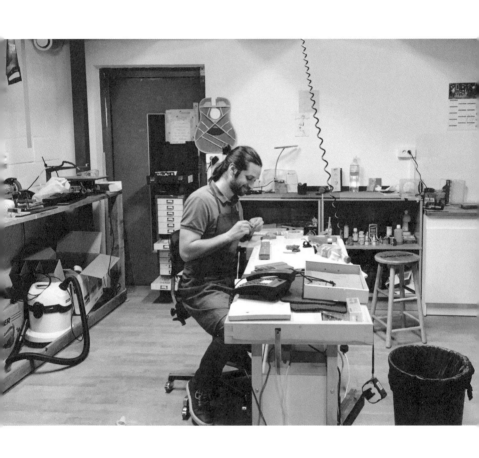

잘 팔리지도 않는 책을 왜 그렇게 써대냐고 물으면 이렇게 대답한다. "책이라도 내지 않으면 내가 나를 싫어하게 될 것 같아서……." 나는 하루 종일 책상에 앉아 사람들의 이야기를 듣고 '말을 해서' 생활비를 번다. 강의하고 가끔 라디오나 텔레비전에 나가 '말을 하고' 출연료를 벌기도 한다. 모두 '말로' 하는 거다. 공부도 하고 연구도 하지만, 어쨌든 말을 통하지 않고는 내 일이 완결되지 않는다.

상담하면서 곰곰이 관찰해보니, 젊었을 때부터 입으로만 먹고살던 사람은 나이가 들어갈수록 꼬장꼬장해지고 자기만 옳다고 바득바득 날을 세우는 경우가 많았다. 나는 그렇게 되고 싶지 않았다. 그런데 슬슬 그런 조짐이 보이는 것 같아서 (입이 아니라) 몸을 쓰고 물성이 있는 것을 만들며 살아야겠다고 다짐했다. 그래서 하는 일 중 하나가 바로 손가락으로 타이핑하고 (내가 직접 하지는 않지만) 책을 만드는 것이다. 매년 꾸준히 책을 펴내는 것은 돈을 벌기 위함도, 지식을 자랑하기 위함도 아니다. 누군가를 가르치거나 감동을 주려는 목적도 아주 조금 있지만, 그보다는 나 자신의 수양을 위해서다(이런 마음으로 책을 내니, 잘 안 팔리지……).

나에게
상을 준다면

한 해가 끝날 즈음, 라디오 프로그램에 출연했는데 이런
질문을 받았다. "올해를 마감하면서 스스로에게 상을 준다
면, 어떤 이름으로 주시겠어요?" 상이란 언제나 남이 정해서
주었으니까, 뭐라고 답해야 할지 몰라 멈칫거릴 수밖에 없었
다. 큰돈을 번 것도 아니고, 명성을 쌓은 것도 아니고, 실력
이 일취월장한 것 같지도 않으니 도대체 나에게 어떤 상을
주어야 할지 난감했다. 하지만 꼭 대단한 것을 이루어야 잘

산 것은 아니지 않은가?

 겉으로 쉬이 드러낼 수 없는 고난을 겪었고, 고함치며 모든 것을 놓아버리고 싶을 때도 있었지만 두 발을 땅에 단단히 디디고 버텼다. 상상조차 할 수 없었던 일이 삶을 집어삼킬 듯 덤벼들었지만 원고 마감 한 번 어기지 않았고, 나를 찾는 곳이 있으면 어디든 마다하지 않고 달려가 강의도 하고, 세상 사람들의 사연에 귀와 가슴을 내어주며 살았다. 마음속에서 태풍이 몰아치고 시뿌연 안개로 한 치 앞이 보이지 않을 때도 일상을 꿋꿋이 지켜냈다. 나는 이게 제일 자랑스럽다. 그래, 내가 나에게 주는 상은 '잘 견뎠다 상'이다.

 나를 괴롭히는 것을 향해 돌진해서 싸워보는 것도 좋지만, 누가 뭐라고 해도 묵묵히 버티면서 시간이 해결해주기를 기다리는 게 더 효과적일 때가 많다. 문제를 해결하고 스트레스를 풀고 부정적 감정을 날려버려야 한다고 하지만, 이게 말처럼 쉽지 않다. 교과서에 나온 대로 상담을 받고 자기 관리 잘하면 마음이 홀가분해져야겠지만, 그저 견뎌내는 것 외에 달리 할 수 있는 것이 없을 때가 많다. 그렇게 파도가 하나둘 지나고 나면 나라는 사람도 어느새 이전보다 단단한 사람으로 변해 있기 마련이다. 성숙이라는 것도 이렇게 시간을 견뎌내며 얻어지는 법이다.

지난 시간을 돌아보며 제대로 이룬 것 없이 시간만 흘렀다고 한숨 쉬고 있다면……제발 그러지 마시라. 당신도 나처럼 '잘 견뎠다 상'을 받을 자격이 충분하다. 대단한 것을 이루지 않았더라도, 나라는 사람이 대단한 무엇이 되지 못했더라도 괜찮다. 견디고 버티며 살아냈다는 것만으로도 우리는 모두 대단한 일을 해낸 것이니까.

쥘 브르통Jules Breton의 〈이삭 줍고 돌아오는 여인들〉 속의 무표정한 얼굴이
나를 끌어당겼다. 묵묵히 오늘 하루도 자신의 소명을 다한 사람이라면 저런
얼굴이지 않을까? 대단한 것을 이루었다며 환하게 웃음 짓는 사람을 그린
작품은, 자신과 세상을 속이는 SNS에 떠도는 흔해 빠진 이미지와 다를 바
없다. 반대로 징징대고 잔뜩 찌푸린 표정이라면 두세 번은 보겠지만, 점점

보기 싫어질 것 같다.
사회를 바꾸겠다고 떠드는 정치인이나 자기 손으로 세계경제를 돌린다
는 사업가의 얼굴은 보고 싶지 않다. 그날그날 최선을 다한 〈이삭 줍고
돌아오는 여인들〉의 비장한 표정을, 나는 사랑한다.

나도 몰랐던 내 마음의 색깔들

감출 수밖에 없는
과거가 있다면

"마음의 상처를 꺼내고 싶지 않아요. 가슴에 묻어두고 그냥 살래요." 상담하러 와서도 선뜻 자기 사연을 말하지 못하는 사람이 많다. 억눌린 기억과 감정이 자신을 더 아프게 만드는데도 묻어두려고만 한다. 과거가 현재는 발목을 잡고, 미래를 절망으로 보게 만드는데도, 무조건 억누르려고만 한다.

왜 이렇게 하는지 이해할 수 있다. 과거를 이야기하는 것은 또다시 고통을 느껴야 하는 일이니, 입 다물고 사는 편이 훨씬 낫다고 여길 수밖에 없다. 과거를 다시 이야기한들, 그 일이 없어지는 것도 아니고 현재가 뒤집히는 것도 아니니 말할 필요가 없다고 느끼는 것도 당연하다.

 하지만 과거를 이야기하지 않고 묻어두겠다는 것은, 더러운 이불을 세탁하지 않고 이불장에 아무렇게나 구겨 넣어두는 것과 같다. 시간이 흐를수록 냄새는 심해지고 이불은 더 더러워진다. 제대로 정리하지 않고 욱여넣었으니, 틈만 나면 이불장 밖으로 이불이 쏟아져 나온다. 그때마다 깜짝깜짝 놀란다. 어쩔 수 없이 양손으로 이불장 문을 꼭 붙들고 있어야 한다. 그래야 더러운 이불이 밖으로 튀어나오지 않으니까. 이불장 문을 닫고 있느라, 옴짝달싹 못 하게 된다. 힘을 잔뜩 쓰고도 문을 닫는 것 외에 다른 일을 할 수 없다. 과거의 아픈 기억과 감정을 무조건 묻어두고 사는 것은, 딱 이런 모습이다.

 과거의 고통을 이야기하는 것은, 이불을 깨끗이 세탁해서 이불장에 차곡차곡 집어넣는 일이다. 이렇게 하면 냄새 날 일도 없고, 이불이 쏟아질까 노심초사하며 문만 붙잡고 있지 않아도 된다. 미래를 향해 움직일 수 있게 된다. 이미 벌어진 인생의 수많은 사건을 없었던 것으로 만들 수는 없다. 없었던 셈 치고 잊고 사는 것도 불가능하다. 무조건 억누르고 없는 셈 치겠다고 해서는 안 된다.

아픈 과거를 이야기하는 것은 잊으려고 하는 일이 아니라, 새롭게 내 것으로 받아들이는 일이다. 고통스러운 기억이 이야기가 되어 세상 밖으로 나가고, 새로운 이야기가 되어 내 마음에 다시 들어와야 "과거에서 벗어났다"고 말할 수 있다. 다른 관점에서 과거를 바라보고, 그 속에서 의미와 교훈을 찾아야 한다. 이렇게 할 수 있을 때 비로소 치유되었다고 말할 수 있다.

늦은 밤 그림자를 뒤로하고, 이 여자는 무엇을 뒤지고 있는 것일까? 벽
장에서 주섬주섬 무엇인가를 끄집어내서 바닥에 펼쳐두고 보고 있다.
숨겨두어야만 했던 무엇, 낮에는 꺼내지 못하고 밤이 되어야 떠오르는
무엇, 은밀하게 혼자 보아야 하는 무엇일 것이다. 쓰라린 기억일 것이다.
트라우마도 비슷하다. 마음 깊은 곳에다 꽁꽁 묶어두고 싶은데, 밤만
되면 불쑥 떠올라 잠을 설치게 하고, 차마 말로 드러낼 수 없어서 혼자
만 감당해야 하는 기억이 트라우마다. 트라우마에서 벗어나 자유로워
지려면 벽장 속에 감추어둔 것을 밤늦게 혼자 들춰보아서는 안 된다.
밝은 곳에서 다른 누군가와 함께 나누어야 한다.

화려한 노을도,
빛나는 달도

저녁 무렵 한강 위로 주홍색 주름을 길게 펼친 노을을 본다. 아름답기보다는 '노을, 네 모습이 서글퍼 보여'라는 생각이 들었다. 한낮의 뜨거운 열기는 허공으로 날아가버리고, 저녁 무렵 차갑게 식어버린 빛으로 대지를 물들이는 노을은 슬픔을 속으로 삼키고 겉으로는 아무렇지 않은 체하며 살아가는 우리의 모습 같았다.

멋있게 타오르는 노을을 보고 청승맞은 생각만 하는 것 같았는데, 선우정아가 부른 〈city sunset〉을 듣고 나만 이렇게 느끼는 게 아니라는 것을 알았다. "나만 힘든 건 아냐. 모두 나름의 아픈 눈물 한숨 애써 숨기며 미소 짓지. 저 노을처럼." 이 노랫말처럼, 마음에서 피가 흘러도 "나는 괜찮아요"라며 억지웃음 짓고, 가족이 걱정한다며 울음을 속으로 삼키는 사람을 보게 되면 "당신은 노을이군요"라고 말하고 싶다.

정월 대보름날 밤, 차를 몰고 췌장암으로 투병 중인 장모님이 입원해 계신 병원으로 가고 있었다. 옆자리에 앉은 아내는 밝게 피어오른 보름달을 뚫어져라 보고 있다. 말하지 않아도 달을 향해 소원을 빌고 있다는 것을 느낄 수 있었다. 바로 그 순간 아내처럼 절망 속에서도 무너지지 않으려고 소원을 비는 사람이 얼마나 많을까. 정월 보름달이 저렇게 크고 밝은 것은 세상의 모든 슬픈 소원을 머금고 있기 때문이다. 휘황찬란한 달 이면에는 사람들의 눈물 어린 희망이 감추어져 있었던 거다.

우리는 달의 뒤편을 볼 수 없다. 눈에 보이는 한쪽만 보고, 달을 다 보았다고 여긴다. 이면에 감추어진 어두운 그림자는 한번도 못 보았으면서, 다 안다고 여긴다. 세상 사람들의 슬픈 기도를 다 받아먹어서 뚱뚱해져 버린 달의 속도 모르면서.

당연한 말이지만, 사람도 겉만 보아서는 알 수 없다. 울음을 삭이고, 터질 것 같은 분노를 가슴에 꽁꽁 묶어둔 채 가짜 웃음을 팔며 우리는 살아간다. 붉은 노을도, 밝은 달도, 애써 웃음 짓는 사람도 그 속에 숨겨진 슬픔을 생각하면 가슴이 아파진다.

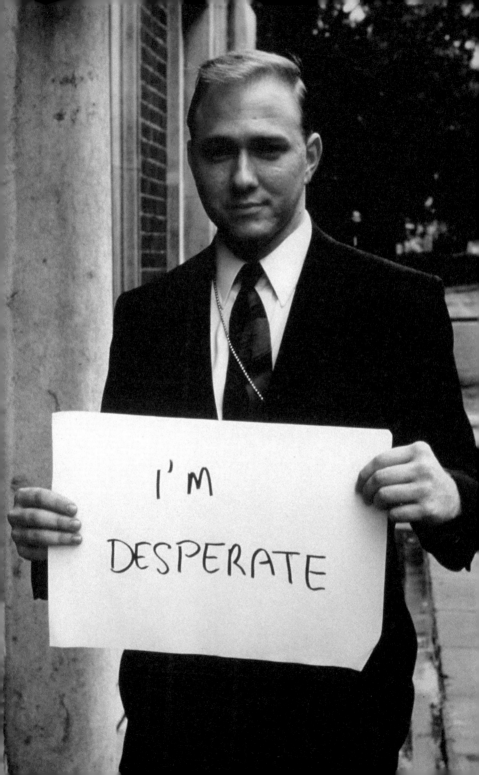

어른이 된다는 것은 괜찮지 않아도 괜찮은 척하는 법을 배워가는 과정이다. 힘든 것을 억지로 참는 것과는 다르다. 진짜 어른이 발휘하는 '괜찮은 척하는 능력'은 꽤 고급 기술이다. 아픈 것을 참아내는 인내는 기본이고, 그 와중에도 그럴듯하게 보여야 하니까 감정 조절력도 필요하다. 아무리 괴로워도 정시에 출근하고 해야 할 일에 전념하려면 자기 조절력도 뛰어나야 한다. 고통 속에서도 자신을 둘러싼 맥락에 맞추어 적절한 소셜 스킬도 발휘할 수 있어야 한다. 그래야 '괜찮지 않아도 괜찮은 척하는 기술'이 완성된다.

'감정을 잘 숨기는 사람이 꼭 어른인가?'라고 의아해할 수도 있겠지만, 곤란할 때마다 감정 조절도 제대로 못하고 여기저기 티를 내고 다니는 사람은 진짜 어른이 아니다. 그래서 나는 이 사진 속 남자가 (웃으면서 속마음은 절망적이라고 부르짖고 있으니) 안쓰럽기보다 진짜 어른 같아서 '멋있어' 보인다.

행복에도
돈이 든다

얼마 전에 '행복한 서울 만들기'라는 학술 세미나에 토론자로 참석했다. 심리학 교수 한 분이 자신의 연구를 토대로 "객관적 소득 수준은 행복을 예측하지 못하고 재정 상태에 대한 주관적 만족도가 행복을 결정한다"라고 발표했는데, 나는 그 주장에 동의할 수 없었다.

연구 방법론이나 해석에 대한 이견은 차치하고, 임상 경험에 근거하면 경제적 요인이 개인의 삶과 행복에 절대적 영향을 미친다는 것을 부인할 수 없다. 안타까운 말이지만, 경제적으로 여유 있으면 더 좋은 의료 혜택을 받고 가족의 지지도 훨씬 용이하게 끌어낼 수 있는 게 현실이다. 치료 예후도 좋다. 우울증이 생겨서 일을 쉬어야 하는데, 그렇게 되면 당장 가족의 생계가 곤란해지는 상황에 처해 있다면 정신적 고통에 생활고까지 겹쳐서 증상은 악화되고 예후는 나빠진다. 돈이 행복을 보장하는 것은 아니지만, 꼭 필요한 돈이 없으면 불행의 나락으로 쉽게 떨어지고 마는 게 현실의 삶이다.

노벨 경제학상을 받은 프린스턴대학의 대니얼 카너먼Daniel Kahneman 교수가 미국 내 거주자 45만 명을 대상으로 조사한 연구 결과를 보면, 연 소득이 늘어날수록 삶의 만족도와 정서적 웰빙 수준이 높아진다. 반대로 소득 수준이 낮으면 이혼, 질병, 외로움으로 인한 정서적 고통은 배가 된다는 것을 확인할 수 있다. 다만 수입과 행복의 비례 관계는 연 소득 7만 5,000달러까지만 유효한데, 그 이상은 수입이 늘어도 행복 수준은 높아지지 않는다. 연봉 1억 원 정도가 되면 돈으로는 행복을 살 수 없다는 이야기다.

하지만 평범한 직장인, 최저 시급 받으며 아르바이트하는 학생, 생활고에 시달리는 사람은 소득이 오른 만큼 행복도 확실히 커진다는 뜻이기도 하다. 이 연구 결과를 따르면, 소득과 상관없이 동일한 금전적 지원을 하는 것보다 경제적으로 궁핍한 이들에게 많은 지원을 하는 것이 공동체의 행복 수준을 높이는 정확한 방법이다.

그렇다고 "돈, 돈, 돈"하며 물질만 추구하라는 뜻은 아니다. 다만 '소득에 만족하면 행복해진다'라는 주장처럼 "마음가짐이 행복을 결정하지 돈이 중요한 게 아니야!"라며 현실 문제에 눈감게 만들어서는 안 된다는 것이다. 개인의 정신 승리로 행복을 찾기 이전에 우리 사회에는 해결해야 할 문제가 여전히 많으니까 말이다.

미국의 국민 화가로 칭송되며 백악관에서 처음으로 개인전을 열었던 앤드루 와이어스Andrew Wyeth는 삶의 진실이 담긴 대상을 극사실적으로 표현한 화가다. 〈크리스티나의 세계〉는 그의 대표작이다. 작품 속 여성의 실제 모델은 와이어스의 이웃인 크리스티나 올슨Christina Olson. 그녀는 어린 시절부터 퇴행성 근육 장애를 앓아서 걷지 못했다. 그런데도 그녀는 휠체어를 거부하고 두 팔과 손으로 기어서 집 주변을 돌아다녔다. 와이어스는 이 작품에 대해 "그녀의 세계는 육체적으로는 제한되어 있었을지 몰라도, 정신적으로는 그렇지 않았다. 보통 사람이라면 절망했을 현실도 그녀는 그렇게 받아들이지 않았다"라고 설명했다.

와이어스는 크리스티나가 처한 불행을 통해 사람들에게 희망을 보여주고 싶어 했지만, 나는 이 그림을 보면서 불안, 공포, 우울, 소외, 두려움, 거절, 배척, 좌절을 느꼈다. 크리스티나가 "제발 나를 도와줘. 나를 내버려두지 말고 구원해줘"라고 절규하고 있다고 느껴졌다. 과연 화가의 말대로 크리스티나는 절망적 현실을 이겨내고 있었던 것일까? 아니면 내가 느낀 것처럼 누군가의 손길을 간절히 원하고 있었던 것일까?

거절하지 못하는
사람의 고통

배려와 존중이라는 단어를 무척 좋아했다. 좋아한다고 써야 마땅하겠지만 이 단어들에 대한 사랑이 점점 줄어들고 있다. 지금껏 '나와 함께 있는 사람은 누구든 존중받는다는 느낌이 들었으면 좋겠다'라는 바람을 가슴에 품고 살았다. '누구에게나 겸손하고 친절해야 하며 내가 조금 손해 보더라도 상대가 만족할 수 있게 하자'라는 생각을 실천하고 싶었다. 물론 뜻대로 되지 않을 때가 종종 있었고, 나는 배려했지만 상대는 그런 느낌을 못 받았다고 여길 때도 있었다. 그래도 배려와 존중이라는 단어의 가치를 지키기 위해 노력하며 살았다고 아주 조심스럽게 자부한다.

논현동 골목 뒤에 있는 오래된 칼국숫집에서 늦은 점심을 맛있게 먹고 계산하려고 카운터에 서 있는데 탁자 위에 '내 탓, 네 덕'이라고 쓰인 작은 액자가 눈에 띄었다. 점원 아주머니에게 "멋진 말이네요"라고 했더니 그분은 내게 한 수 가르쳐준다는 듯이 "요즘 이렇게 살면 화병 들어서 빨리 죽어요"라고 했다. "그러게요"라며 나도 모르게 맞장구치고 말았다. 이기심을 채우려고 타인을 무시하는 일이 잦아진 현실을 인정할 수밖에 없었기 때문이리라.

내 휴대전화 번호를 어떻게 알았는지 이런저런 자리에 섭외하고 싶다는 전화가 가끔 온다. 그러면 웬만한 일은 뒤로 미루고 부탁을 들어주려고 애쓴다. 보상도 크지 않고 시간과 에너지를 많이 써야 하는 일인데도 '어렵게 부탁하는 것일 텐데 거절하면 그 사람 마음이 아플 수도 있잖아'라는 생각

때문이다. 거절당했을 때의 느낌을 잘 아니까 '나 때문에 남이 그런 감정을 경험하는 일은 최대한 없었으면 좋겠다'라는 마음 때문이기도 하다.

하지만 거기까지였다. 어렵게 일정을 조절하고, 이런저런 조언까지 건넸는데 고맙다는 말 한마디 없이 연락을 끊어버린 사람들이 있었다. 내가 먼저 무엇을 하겠다고 나선 것도 아니고, 먼저 연락을 취해놓고 필요 없어지면 가타부타 양해 전화 한 통 없었다. "타인을 존중하고 배려하자"라는 말을 지키고 살려면 그만큼 속앓이해야 하는 것일지도 모르겠다는 생각을 하니 쓸쓸해졌다. '내 탓, 네 덕' 하고 살면 화병 난다던 칼국숫집 아주머니의 말이 귀에서 사라지지 않는다.

'쓰러진 남자', '추락한 남자', 혹은 '좌절한 남자'라고 불리는 이 작품은 빌헬름 렘브루크Wilhelm Lehmbruck가 직접 체험한, 제1차 세계대전의 공포와 전쟁을 겪은 사람의 참혹한 심정을 담은 것으로 알려져 있다. 나는 〈쓰러진 남자〉를 보면 전쟁이라는 특수한 상황이 아니라, 고역스러운 삶 앞에 무릎 꿇을 수밖에 없는 인간의 숙명이 읽힌다.

당당하게 맞서 싸우고, 쓰러져도 다시 일어나야 한다고 목소리를 높이지만, 우리는 모두 쓰러지고 무릎 꿇고 끝내 바닥에 엎드릴 수밖에 없는 연약한 존재다. 일어나더라도 또다시 쓰러지기를 반복한다. 그리고 죽음 앞에서 영원히 쓰러진다. 우리가 할 수 있는 것은, 쓰러지더라도 다시 일어서겠다는 의지를 잃지 않는 것밖에 없다. 그러니 〈쓰러진 남자〉는 참혹한 전쟁으로 산산이 부서진 인간의 존엄성을 표현했다기보다는, 그렇게 망가지고도 죽을힘을 다해 또다시 제 몸뚱어리를 일으켜 세우려는 삶의 의지를 조각했다고 해석해야 한다.

나는 내가
제일 잘 알까?

나는 이과 출신이다. 의대에 들어가려면 고등학교 때 이과를 선택해야 했다. 의사가 되려고 이과를 선택했던 것은 아니다. 아버지가 공대를 나왔고, 어머니도 생물학을 전공해서 큰아들인 내가 이과를 가는 게 당연하다고 여기셨는지, 고등학교 1학년이 끝날 무렵 문과를 선택하겠다고 했더니 부모님이 반대하셨다. 반항을 모르던 나는 속이 상했지만(변명 같지만 어쩔 수 없이), 이과를 선택했다. 하지만 대학 입시를 치르는 순간까지 수학이 발목을 잡았다. 영어와 국어는 슬쩍슬쩍 해도 성적이 그런대로 나왔지만, 수학은 아무리 노력해도 버겁게 느껴졌다. 노력으로 넘을 수 없는 벽이 있는 것 같았다. 수학은 엄지발가락 깊숙이 박힌 가시였다. 걸을 때마다 아팠지만, 앞으로 걸어가는 것을 멈출 수는 없었다.

시간이 흘러 정신과 의사가 되고 난 뒤로는 조금 편해졌다. 수학보다는 읽고 쓸 기회가 더 많이 생겼기 때문이다. 숫자보다 글자에 친숙한 내 적성이 정신과 의사 노릇에 걸맞았다. 잘 맞는 옷을 입은 느낌이랄까? 한결 자연스러웠다. 비록 적성에 안 맞는 이과를 선택했지만, 나름 최선을 다하며 살다 보니 어느 순간 기질에 맞는 일을 선택할 기회가 찾아왔고, 지금은 그것을 하며 살고 있다.

고등학교 때 내 뜻대로 문과를 선택해서, 대학에서도 문과 계열을 전공했다면 지금 나는 어떤 인생을 살고 있을까? 적성에 맞는 선택을 했으니 행복했을까? 대학을 졸업하던 무렵 IMF 외환 위기가 터졌으니, 직장 구하는 데 애를 먹지는 않았을까? 아무리 열심히 공부하고, 노력해도 세상이 나를 받아주지 않았을지 모른다.

나는 어떤 일을 잘 할 수 있을까? 어떤 적성을 갖고 있을까? 정말로 좋아하는 일은 무엇일까? 이런 고민도 중요하다. 하지만 세상을 충분히 경험해보기 전에 나에게 딱 맞는 일이 무엇인지 제대로 알 수 없다. 머리만 이리저리 굴려서는 답을 찾지 못한다. 때로는 잘 맞지 않는 일에도 최선을 다해보는 경험이 필요하다. 평소에 잘 쓰지 않는 근육도 운동해서 키워두어야 하는 것처럼 말이다. 이런 것은 젊었을 때 체험해보는 게 좋다. 젊었을 때만 가능한 일이기도 하고.

삶이 계획한 대로 흘러가는 것은 아니다. 의도와 다른 일이 항상 생기고, 예상하지 못한 데서 정답을 찾게 될 때도 있다. 어쩔 수 없는 선택이라도, 되돌릴 수 없다면 일단 그것에 최선을 다해보는 것이 맞지 않을까? 자기가 원하는 것을 가슴에 품고 끝까지 놓지 않는다면, 언젠가 그런 일이 운명처럼 찾아올 것이다. 적어도 내 경험은 그렇다.

나는 나를 잘 안다고 확신할 수 있을까? 태어났을 때부터 곁에 있었던 부모님이나 형제자매가 나보다 나를 잘 알까? 머리가 굵어진 뒤에는 속마음을 진솔하게 나눈 친구가 가족보다 나를 잘 이해하지 않을까? 내가 누구인지 말할 수 있는 자, 과연 누구일까?

자기 자신을 포함해서, 한 개인을 온전히 제대로 볼 수 있는 사람은 이 세상에 없다. 나는 나 자신과 너무 가까이 있어서 객관적으로 보기 어렵고, 아무리 친한 사람도 내 속에 들어올 수 없으니 나를 다 알 수 없다. 가까이서 보면 편향이 생기고, 멀면 진짜를 놓친다.

나를 본다는 것은 우물 아래를 들여다보는 것과 같아서, 너무 깊이 알려고 몸을 우물 안으로 기울이면 컴컴해서 아무것도 안 보인다. 그러다 잘못하면 헤어나오지 못할 수도 있다.

행복은
은밀하게 추구하는 것

"어느 쪽을 선택해야 할지 모르겠어. 어떻게 하면 좋을까?"라며 조언을 구하는 친구에게 "네가 행복하다고 느끼는 것을 선택해"라고 한다. 뜻대로 일이 풀리지 않아 낙담한 가족에게 "무엇을 하든, 난 네가 행복했으면 좋겠어"라는 말로 응원을 대신한다. 길 가는 사람을 붙잡고 "어떻게 살고 싶으세요?"라고 물으면 십중팔구 "행복하게 살고 싶어요"라고 할 거다. 우리는 행복을 삶의 최고 가치로 친다.

오랫동안 '행복이란 무엇일까?'라는 본질적 물음에 천착했다. 행복하다고 외치는 사람들의 인생을 세심하게 관찰해 왔다. 행복의 실체를 캐내려고 책과 논문 속으로 파고들었다. 하지만, 행복이 무엇인지 아직도 잘 모르겠다. 정신과 의사라는 사람이 "행복이 무엇인지 모르겠다"라고 하면 다들 황당하게 여기겠지만, 솔직히 그렇다.

조금 더 솔직히 말하면, 나는 행복을 믿지 않는다. 행복이란 실체가 없는 관념이라고 여긴다. 행복을 추구하라고 웅변하는 사람을 보면 다른 무엇을 얻으려는 꿍꿍이가 있는 것 아닌지 의심한다. 그래서 "행복은 없다"고 김빠지는 말을 툭툭 내뱉기도 한다.

사람들은 저마다 행복에 대해 다르게 말한다. 사랑하는 사람과 함께하는 시간에 행복을 느낀다는 연인이 있는가 하면, 올해는 드디어 승진해서 행복하다는 직장인도 있고, 자녀가 좋은 대학에 들어가면 최고로 행복할 것 같다는 어머니도 있다. 퇴근해서 아내와 함께 산책할 때가 제일 좋다는 아버지,

돈 걱정 없이 하루만 살 수 있으면 원이 없겠다는 가장도 있다. 나를 찾아오는 환자들은 "공황장애가 완치되어야 행복할 수 있어요"라고 한다. 어떤 사람은 특별한 이유 없이도 "나는 행복해요!"라고 한다.

"모두 행복해지자"라는 구호는 공허하다. 국가가 국민의 행복을 위해 노력하는 것은 좋은 일이지만, 행복이 목표가 될 수는 없다. 5,000만 명이 모여 사는 대한민국에는 5,000만 가지의 서로 다른 행복이 있다. 누가 누구보다 행복하다는 말도 성립하지 않는다. 세상 사람 모두를 끌어 담을 단 하나의 행복은 없다. 내가 행복에 대해 잘 안다고 함부로 말하지 않는 이유다.

공개적으로 말해버린 행복은 더는 행복이 아니다. 행복은 은밀하고, 비밀스럽고, 나만의 방식으로, 나만 느끼는 것이다. 누가 가르쳐주거나 누구에게 보여주면 이내 변질되고 만다. 그러니 행복은 각자 알아서 추구해야 하는 것이다. 행복의 비밀을 밝혀내겠다며 수많은 사람을 관찰해

서 수치화하고 통계를 내는 것은 부질없는 짓이다. 행복이란 이런 거라며 통계를 들이미는 것은 영 미덥지가 않다. "내가 행복한 것을 네가 어떻게 아는데!"라는 심정이랄까?

감정은
맥락에 따라 선택된다

　분노가 조절되지 않는다며 고민을 털어놓는 이가 많다. 자기도 모르게 화가 났다거나, 참고 싶은데도 억누를 수 없었다고 한다. 화를 내고 싶지 않은데 짜증 나는 일이 자꾸 생긴다며 세상 탓을 하기도 한다. 과연 그럴까?

　인간은 자신의 생존에 가장 유리할 것으로 예상되는 감정을 의도적으로 선택해서 만들어낸다. 감정 선택이 순식간에 일어나기 때문에 자각하지 못할 뿐이다. 화라는 감정도 마찬가지. 무의식적으로 화가 나는 것도 아니고, 참고 싶었지만 어쩔 수 없이 터져 나오는 것도 아니다. 화를 내는 것이 도움이 되니까 여러 감정 중에서 분노를 선택한 것이다. 표를 사려고 긴 줄에서 오랫동안 기다렸는데 누군가 새치기하는 것을 보면, 우리 뇌는 순식간에 어떤 감정이 자신에게 득이 될지 평가한다. 경험에 비추어보았을 때 화를 내는 게 이득이 되리라 예상하면 분노를 관장하는 신경 회로가 활성화된다. 정당한 분노든 아니든, 화를 자주 내는 사람은 자기 이익을 극대화하기 위해 감정을 활용하고 있는 것이다.

시험을 앞두고 불안을 떨치지 못하는 사람은 이렇게 말한다. "긴장하지 않으려고 해도 그게 잘 안 돼요. 저도 어쩔 수가 없어요." 정말 그럴까? 이 경우도 불안이라는 감정이 자신에게 도움이 될 것이라 믿고 스스로 선택했다고 보는 게 맞다. 한 연구에 따르면, 불안에 취약한 신경증적 기질의 사람에게 힘든 과제를 앞두고 걱정과 불안을 느끼게 했을 때가 행복한 감정을 선택하게 했을 때보다 성적이 좋았다고 한다.

힘든 과제일수록 이런 경향이 더 크게 나타났다. 중요한 일이 있을 때마다 염려에 휩싸이는 사람은 위험에 대비하고 성과를 높이기 위해 무의식적으로 불안을 원하는 것인지도 모른다.

첫눈을 보며 즐거움을 느끼는 사람도 있지만 외로움에 젖는 이도 있다. "하얀 눈을 보니까 나도 모르게 그런 감정이 떠올랐어요"라고 하지만 이 둘의 차이도 '내가 어떤 감정을 선택하고 싶은지'에 따른 것이다. 첫눈이 내릴 때 친구들과 어울려 놀고 싶은 사람은 즐거운 감정을 만들어내고, 고독을 즐기고 싶으면 외로움을 선택한다. 지금 느끼는 감정은 내 선택의 결과물이고 오롯이 내 책임이다.

감정을 가면처럼 쓰고 벗을 수 있다면? 속으로는 울고 있어도, 긍정 이미지를 만들려고 함박웃음 가면을 뒤집어쓰고 출근해서 활기차게 인사하고, 바이어를 만나 적극적으로 영업하고, 퇴근해서도 씩씩하게 하루를 보낸 가장의 얼굴을 가족에게 보여줄 수 있다면? 타인의 고통을 보고도 악어의 눈물조차 나오지 않는 사람이 "나도 아프다"며 공감을 표현해야 할 때 비탄의 가면을 쓸 수 있다면? 속으로는 분하고 억울해도, 그것을 다 표출하면 큰 싸움이 될 것 같아 진심으로 미안해하는 가면을 쓰고 나와 사과를 한다면? 그렇게 나쁜 일일까? 겉 다르고 속 다른 인간이라고 욕먹어야 할까?

사람을 속이는 것은 나쁘지만, 맥락에 맞추어 적절한 감정을 선택할 줄 알아야 인간관계도 부드러워지지 않을까? 나에게 유리한 감정을 선택하고, 타인의 공감을 끌어낼 수 있는 감정을 잘 선택할 수 있다면, 이것도 현실을 살아가는 기술 중 하나이지 않을까? 어차피 삶이란 한 편의 연극이니까 말이다.

내가 읽는 책이
내가 된다

책장을 정리했다. 1년에 한두 번씩 도서관에 기증하고, 중고 서점에 내다 팔아도 책은 꾸준히 늘었다. 꽂아둘 자리가 부족해서 누워 있어야 하는 책도 많아졌다. 정말 사랑하는 책인데도 얼굴을 매일 보지 못하고, 다른 책들 뒤에 꽁꽁 숨겨두어야만 하는 것도 있어서 안타까웠다. 때마침 서재를 옮기게 되었는데, 이삿짐도 줄일 겸 남겨둘 책과 떠나보낼 책을 과감히 나누기로 했다. 전공 서적은 조강지처 같아서 버릴 수 없다. 이런 책은 읽어도 연애처럼 짜릿한 맛은 없다. 그래도 곁에 두면 든든하다. 오래되었다고 함부로 대해서는 안 된다.

　전공 서적을 제외하고 남은 책들을 쭉 훑어보았더니 시집과 미술 서적, 곱씹어 읽고 싶은 철학책이 있었다. 제목만 보아도 감동이 되살아나는 소설과 에세이가 끝까지 남았다. '이런 책을 남겨두어야지'라고 미리 마음먹고 있었던 것은 아니다. 그저 책장에서 한 권 한 권 뽑아 책 표지를 쓰다듬어 보고, 책등을 잡고 휘리릭 넘겨보고, 코를 대고 책 향기를 맡았다. 이렇게 하다 보니, 떠나보내도 괜찮을 책과 떠나보낼 수 없는 책으로 자연스럽게 갈라졌다.

　남겨두기로 한 책들 속에는, 오은 시인의 『우리는 분위기를 사랑해』도 있었고, 장우진의 『사랑이 머무는 그림』도 있었다. 롤랑 바르트Roland Barthes의 『사랑의 단상』이나 알랭 바디우Alain Badiou의 『사랑 예찬』은 입에는 써도 가끔 먹어주어야 하는 약 같은 책이다. 절판되어 중고로 사야 했던 무라카미

류村上龍의 『사랑에 관한 짧은 기억』은 내가 썼던 책 중 한 권의 모티브가 되기도 했다. 박민규의 『죽은 왕녀를 위한 파반느』를 읽고 '과연 내가 믿고 있는 사랑이 정말 사랑일까?'라고 의심하기도 했다. 후지와라 신야藤原新也의 『돌아보면 언제나 네가 있었다』는 우리 곁에 있는 사람들을 어떻게 보듬고 사랑해야 하는지 가르쳐주었다.

책장을 정리하고 보니 내가 무엇을 좋아하는지, 앞으로 어떻게 살고 싶은지 보였다. 가치관도 드러났다. 내가 가진 신념이 어디에서 비롯되었는지 알게 되었다. 발가벗겨진 것처럼 느껴져 부끄럽기도 했다.

책과 사람은 같다. 어떤 사람에 대해 알고 싶다면 그가 읽은 책과 그의 서재에 있는 책, 그리고 그가 어떤 책을 가슴에 품고 있는지 알려달라고 하면 된다.

그러니까, 베스트셀러만 읽어서는 안 된다. 당연한 말이지만 내가 읽는 것이 내가 된다. 나와 어울리는 책은 자연스럽게 알 수 있는 법이다. 광고와 입소문에 오염되지만 않는다면. 제목, 삽화, 종이의 질감, 책장을 넘길 때의 팔락거림 같은 책의 물성을 살피다 보면 '아 이거다' 하는 것을 만나게 된

다. 그럴 때마다 나는 읽을 만한 책을 발견하는 게 아니라, '내가 이런 것을 좋아하는 구나'라며 지금껏 몰랐던 나를 발견하게 된다. 내게 어울리는 책을 찾는 것은 나를 찾는 일이다.

방전된 마음
충전하기

  성과가 기대에 못 미쳐서 질책받으면 짜증은 나겠지만, 웬만한 직장인은 이만한 스트레스로 금방 탈진되지 않는다. 스트레스를 넘어 번아웃 증후군에 이르는 것은 '회사원 OOO'와 '나'를 적절히 분리하지 못했기 때문이다. 성과가 없으면 '나'의 존재 가치마저 사라진다고 여기고, 과도한 업무를 감당하지 못한 것도 내 역량이 부족해서라고 자기 탓을 하면 열정은 이내 사라진다. 퇴근하면 회사일은 싹 잊고 푹 쉬어야 기운이 회복될 텐데, 번아웃된 직장인은 침대에 누워서도 일 걱정하며 잠을 못 이룬다. 번아웃 증후군에 빠지면 회복도 더디고, 뜻대로 되지 않는 생각과 감정 때문에 애를 먹는다.

　휴가는 그래서 필요하다. 일이든 사람이든 특정 대상과 너무 밀착되면 지치고 상처받을 수밖에 없다. 자아를 지켜내기 위한 '거리 두기'의 실천이 휴가다. 나를 직장에서 물리적으로 떼어놓는 것만으로도 효과가 있다. 거창한 바캉스가 필요한 게 아니다. '회사원 OOO'라는 이름표를 떼고 '진짜 나'를 되찾는 것으로 에너지가 충전된다.

　휴가로 기운을 얻기도 하지만, 바캉스 우울증에 시달리기도 한다. 왜 그럴까? 여름휴가가 소중한 것은 맞지만, 짧은 기간에 환상적 변화가 일어날 리 없다. 조금 모자란 듯, 조금 아쉬운 듯 여운을 남겨야 하는데 휴가도 일처럼 완벽한 계획으로 통제하려고 하면 도리어 탈이 난다. '내가 없는 동안 문제가 생기면 어쩌지'라고 쉬면서도 일 생각을 하면 휴가의 효과를 제대로 누릴 수 없다. 심리학 연구들은 휴가를 망치는 주범으로 완벽주의를 꼽는다.

휴가 후에 활력을 되찾더라도 그 효과는 약 2주에서 한 달 사이에 대부분 사라진다. 늘 스트레스에 시달리는 직장인에게는 한 번의 긴 휴가보다 짧더라도 자주 쉬는 프티 바캉스 petit vacance가 효과적이다. 완전히 방전된 다음에 한꺼번에 완충하려면 시간도 오래 걸리고 배터리 수명도 짧아진다. 휴대전화라면 1~2년 쓰다가 바꾸면 그만이지만, 평생 써야 하는 뇌는 한번 고장 나면 치러야 할 대가가 너무 크다. 자신도 힘들고 지켜보는 가족도 괴롭다. 사회적으로도 큰 손실이다. 오랫동안 탈 없이 쓰려면 방전되지 않게 틈틈이 충전해주는 게 좋다.

휴가를 가고 싶지만 그럴 형편이 못 될 때 인터넷으로 페르낭 레제Fernand Léger의 작품을 찾아본다. 레제의 그림은 기분을 전환시키는 효과가 있다. 색채가 선명하고 그림 속 대상의 선이 선명해서 만화를 보는 듯 기분이 좋아진다. 심오한 뜻이 있는 것도 아니고, 깊은 주제를 다룬 작품도 아니지만 보고 있으면 기분이 좋다.

어떤 작품이 훌륭한지 아닌지를 가르는 가장 중요한 기준은 감상하고 나서 '기분이 좋아졌느냐', '감정이 움직였느냐'다. 그래서 '감동感動했다'고 말하는 것이겠지만. 전문가들이 아무리 고상한 분석을 늘어놓아도 내 느낌에 변화가 생기지 않는다면, 그 작품은 졸작이라고 해도 된다.

chapter

3

그림의 위로

왜 나는 너를
사랑할 수 없을까?

사랑에 빠지게 했던 치명적인 매력이 결혼 후에는 부부가
서로를 미워하는 원인이 된다. "남편의 너그러운 성격에 반
했어요"라던 아내가 "우유부단한 남편하고 사느라 너무 힘
들어요"라고 푸념한다. 남편의 탄탄한 몸에 매력을 느꼈던
아내는 "우리 남편은 시간만 나면 운동해요. 저보다 운동이
중요한 사람이에요"라며 불평한다. 연애할 때 남편의 유머
가 좋았다던 아내가 결혼 후에는 "남편은 맨날 실없는 이야

기만 늘어놔요. 나이가 들어도 철이 안 드는 것 같아요"라며 한숨을 내쉰다.

플라톤은 인간이 누군가를 진정으로 사랑하는 것은 불가능하다고 했다. 사랑에 빠진 사람은 연인의 실체가 아니라, '이데아idea'를 본다. 사랑하는 사람에게 이데아를 투영하고 '이상화'한다. 완벽하지 않은 인간에게 완벽성을 부여하고, 이데아와 사랑에 빠진다. 시간이 흐르고 현실이 제대로 보일 때 사랑의 불꽃도 사그라진다.

사랑은 오해다. 뜨거운 사랑일수록 오해도 깊다. 결혼은 오해에서 비롯된 사랑으로 이루어진다. 서글프게 들려도 어쩔 수 없다. 이게 현실이니까. 박민규의 소설 『죽은 왕녀를 위한 파반느』에는 이런 구절이 나온다. "애당초 현실에선 일어날 수 없는 일이야. 누군가를 사랑하는 일은 그래서 실은, 누군가를 상상하는 일이야. 시시한 그 인간을, 곧 시시해질 한 인간을……시간이 지나도 시시해지지 않게 미리, 상상해주는 거야. 그리고 서로의 상상이 새로운 현실이 될 수 있도록 서로가 서로를 희생해가는 거야."

결혼은 사랑이 빚어낸 오해인데도 남자와 여자가 서로를
품고 살아가는 힘겨운 과정일지도 모른다. 이루어질 수 없는
이상적 사랑과 현실의 결혼을 비교하면 불행해진다. 결혼한
부부들의 실상을 속속들이 들여다보면, 누가 누구보다 멋진
결혼 생활을 하고 있다고 말할 수 없게 된다. 행복과 불행을
합쳐보면, 세상의 모든 결혼은 공평해진다.

남편이라는 한 인간은, 그 자체가 나약하고 이기적인 존재
라 누군가의 인생을 구원해주는 영웅이 될 수 없다. 상처받
고 지칠 수밖에 없는 현실을 살아가는 동안 옆에서 말동무라
도 되어주는 남편이라면, 훌륭한 거다. 힘든 오르막을 오르
는 동안 옆에서 기운 내라고 한마디 해줄 수 있는 남편과 같
이 살고 있다면, 복 받은 거다. 다행이라 여기시라.

이 글을 쓸 수 있었던 것은, 내가 좋아하는 박민규의 『죽은 왕녀를 위한 파반느』 때문이다. 박민규와 그의 글을 오마주하며 한 꼭지를 더 옮겨놓는다. "이윤을 추구해놓고, 자기최면이라도 하듯 이건 연애야, 그래서 우린 결혼한 거야라고 다들 믿는 게 아닐까 싶어. 그러고는 사랑이 식었다는 둥, 환상이 깨졌다는 둥. 애당초 동기가 된 영리 활동에 대해선 끝까지 부정하면서 말이야……즉 투명하게 생각한다면 대부분의 결혼 생활에 사랑이 없는 건 매우 당연한 일이 아닐 수 없어. 그러니까 정말 서로가 서로를 사랑할 수 있는 인간도 실은 지극히 희귀하다는 얘기지." 이런 문장을 읽으면 내가 느꼈던 감정도 어쩌면 조작된 것일지 모른다는 생각이 든다. 그런 감정으로 누군가와 함께 살아간다는 것은 사랑보다도 기적일지 모르겠다는 생각도 든다. 아, 모르겠다. 사랑이 무엇인지.

칭찬하기의
어려움

우리는 문제를 찾고 비판하는 데 익숙하다. 인간의 뇌는
비교하고, 판단하고, 평가하는 데 최적화되어 있다. 이런 능
력 때문에 인류가 생존하고 진화할 수 있었다. 그래서 의도
적으로 노력하지 않으면 "그게 뭐야? 다른 사람은 잘하던데.
너는 그게 문제야"라는 부정적인 말이 먼저 튀어나온다. 이
런 말은 별다른 노력 없이 쉽게 나오지만, 긍정적 표현은 부
단히 노력해야 자연스럽게 나온다.

작은 일에도 칭찬하라고 조언하면 많은 사람이 어색해하며 이렇게 말한다. "같이 산 지 20년 된 아내에게 새삼스럽게 감사라니요", "오래 같이 살아서 그런 말 굳이 안 해도 다 알아요", "자꾸 칭찬해주면 버릇 나빠져요." 가족이 가구가 되면, 칭찬도 사라지고 만다.

애써 칭찬해도 순수하게 받아들이지 않는 경우도 다반사다. 상사가 부하 직원에게 "일 처리를 깔끔하게 하던데. 수고했어"라고 하면 부하 직원은 순수하게 받아들이지 않고 '또 일을 시키려고 저런 말을 하나'라며 경계한다. 칭찬받고 좋아하는 모습을 드러내면 쉽게 보일까 봐 애써 표정을 숨길 때도 있다. 칭찬을 덥석 받아들이면 겸손하지 않은 사람으로 비추어질까 봐 "과찬입니다. 운이 좋았을 뿐이에요"라고 에둘러 말하기도 한다.

제대로 된 칭찬은 타인의 장점을 치켜세우는 게 아니다. 외모, 옷차림, 심지어 재능도 칭찬의 이유가 될 수 없다. 한 사람의 고유한 본성, 마음 깊은 곳의 진짜 자기는 타인이 칭찬한다고 쉽게 부풀어오르는 것이 아니다. 반대로 칭찬받지 못했다고 존재 가치가 줄어드는 것도 아니다.

우리가 타인에게 해줄 수 있는 최고의 찬사는 그로 인해 내가 받은 감동을 표현하는 것이다. "당신 덕택에 내가 행복해. 고마워"처럼 말이다. "우리 아들, 이번 시험 100점이구나. 잘했어"라는 표현에는 수직적 평가가 녹아 있다. 100점이 아니면 안 된다는 판단도 숨겨져 있다. 이런 말을 반복하면 타인의 평가에 휘둘리는 사람이 되고 만다. "잘했다"보다는 "좋은 기분을 느끼게 해주어서 고마워"가 제대로 된 칭찬이다. "우리 딸 똑똑한 걸"이라며 재능을 치켜세우기보다는 "네가 노력하는 모습을 보니, 뿌듯하구나"라고 내가 받은 느낌을 중심으로 표현하는 게 좋다. 상대에 대한 비교, 판단, 평가가 아니라 그 사람의 존재에서 받은 감동을 표현하는 게 진짜 칭찬이다.

감동받았을 때 우리는 "하늘을 날 것 같아요"라고
하지 않나. 누군가를 감동시키면 그 사람은 하늘 높
이 날 수 있다는 것을, 샤갈은 이 그림으로 생생하
게 보여주고 있다. 다른 사람에게 감동을 주는 것은,
우리가 살면서 할 수 있는 가장 가치 있는 일이다.

짜증이
치밀어 오를 때

더위는 음식뿐 아니라 기분도 상하게 만든다. 그나마 짜
증만 는 거라면 다행이다. 열기는 공격성도 부추긴다. 우리
나라의 폭력 사건은 여름철(6~8월)에 가장 빈번하다. 이것은
다른 나라에서도 동일하게 관찰되는 현상이다. 2001년부터
2012년까지 미국 시카고의 일일 기온을 조사했더니, 섭씨
32도까지는 날씨가 더워질수록 범죄율도 높아졌다. 공격성
이 꺾이는 온도는 연구마다 다소 차이가 있지만, 이러한 패

턴은 다른 연구들로도 확인되었다. 뉴질랜드에서 이루어진 연구에 따르면 기온이 섭씨 1도 오를 때마다 폭행 사건의 수는 약 1.5퍼센트씩 증가한다. 똑같은 스트레스를 받아도 찜통더위에는 '버럭' 하고 폭발할 가능성이 부쩍 높아지는 것이다. 더울 때는 조금만 더 참자고 마음을 다잡는 게 신상에 이롭다.

더위는 인간을 인색하게 만든다. 아이들을 돕는 비영리 단체를 위한 설문에 참여해달라고 부탁했을 때, 쾌적한 교실에 있던 학생들은 94퍼센트가 수락했지만 덥고 습한 교실에서는 64퍼센트만 조사에 응했다. 불쾌감이 느껴지는 더운 환경에서 일하는 직원은 자발적으로 고객에게 도움을 주고 의견을 제시하는 행동이 급격히 줄어든다. 요즘 들어 직원이 퉁퉁거리기만 하고 적극적으로 일하지 않는다면, 면박부터 줄 게 아니라 일터의 온도부터 점검해보아야 한다.

그렇다고 날씨 탓만 해서는 안 된다. 더위에 대한 민감도는 사람마다 다르니 혹시 내가 날카로워진 것은 아닌지 수시로 자기 컨디션도 체크해야 한다. 평소보다 예민해졌다면 자극을 줄이고 쉬어야 한다.

덥다고 "짜증 나, 짜증 나"를 입에 달고 살면 더 예민해진다. 뇌는 언어적 현실과 실재를 제대로 구별하지 못한다. 입으로 '짜증'을 연발하면 그 소리를 들은 뇌가 '이 사람은 짜증이 났구나'라고 인식해서 스트레스 호르몬을 더 방출한다. 예민해지기 쉬운 날씨에 말투까지 고약해지면 뇌가 지각하는 불쾌지수는 높아진다.

습식 사우나 같은 날씨에는 짜증도 늘고 불친절해지기 십상이다. 사람이 나빠서 그런 게 아니다. 뜨거운 열기와 눅눅한 습기가 인간의 본성을 변질시킨 탓이 크다. 옆 사람이 거슬리는 행동을 해도, 날씨 탓이려니 하고 받아들이는 아량이 필요하다.

인간관계 문제는 사람의 숫자만큼 다양하지만, 하나로 설명하자면 '거리 조절의 실패'라고 할 수 있다. 심리적으로 너무 밀착되어도 문제, 너무 멀어져도 문제. 딱 중간쯤인 심상인凡常人 관계가 별 탈 없이 오래간다. 심상인이라고 하면 선뜻 와닿지 않을 텐데 일요일 오후에 부부가 아무 대화도 없이 심심하게 같이 앉아 있다면 심상인 관계라고 할 수 있다. 이런 부부가 뭐가 건강한 거냐고 할 수도 있겠지만, 심심함을 편안하게 느낄 수 있는 관계라야 별 탈 없이 오래간다.

심리적 거리뿐만 아니라, 물리적 거리도 중요하다. 마음에 아무리 여유가 있어도 다닥다닥 붙어 살면 부드러운 관계를 맺기 어렵다(사랑에 빠진 연인은 제외하고). 다른 사람에게 친절하려면 '내 마음가짐'도 중요하지만 '내가 처한 상황'도 건강해야 한다. 냄새나고, 후끈거리고, 오밀조밀 좁은 공간에 미어터지듯 모여 있으면 아무리 성격 좋은 사람도 짜증이 나게 마련이다. 그러니 혹시라도 불친절한 사람을 만난다면 대뜸 '저 사람 성격이 나쁜 것 같아'라고 단정하지 말고, '환경이 나빠서 그런 것일지도 몰라'라고 이해해주면 좋겠다.

눈물이 전하는
메시지

상담하다 보면 "눈물 흘려서 미안합니다. 울어서 죄송해요"라고 말하는 사람을 종종 본다. 다른 사람에게 눈물을 보여서는 안 된다고 느끼는 것 같다. 울음은 참을수록 좋다고 배워온 사람일수록 더 그런 것 같다. 하지만 울음은 억지로 참으면 병이 된다. 힘든 세상을 버텨내려면 눈물이 필요하다.

울음은 스트레스와 슬픔, 상실과 좌절의 아픔을 줄여준다.

눈물을 흘리면 감정이 정화된다. 실컷 울고 나면 기분이 좋아지기도 한다. 감정이 표현되며 나오는 눈물을 정서적 눈물이라고 한다. 연기나 먼지에 자극받아 흘리는 것은 반사적 눈물이다. 이 둘은 성분이 다르다. 정서적 눈물은 반사적 눈물보다 스트레스 호르몬과 독소가 많이 포함되어 있다. 감정에 북받쳐 눈물을 흘리면 스트레스 호르몬과 독소가 몸에서 빠져나간다. 정서적 눈물을 흘리면 체내의 엔도르핀과 옥시토신 농도가 높아진다. 이 두 호르몬은 행복감과 연대감을 증진시킨다. 실컷 울고 나면 부교감신경계가 활성화되어 호흡과 심장박동이 안정된다. 양파를 까면서 아무리 울어도 이런 효과는 나타나지 않는다. 반사적 눈물이기 때문이다.

눈물은 사회적 신호다. '나는 지금 슬프고 도움이 필요하다'는 메시지를 울음으로 보내는 것이다. 타인의 눈물을 목격해도 강한 감정 반응이 일어난다. 직접 고통받지 않더라도 우리는 타인의 고통을 보고 눈물을 흘리기도 한다. '나도 같이 아파하고 있다'는 메시지를 눈물로 내보내는 것이다. 공감받고자 하는 사람, 공감하고자 하는 사람 모두 눈물을 흘리게 된다. 공감의 눈물은 신뢰를 형성하고, 유대감을 강화한다. 같이 울면서 하나가 되는 것이다.

눈물을 보이며 힘들다고 말할 수 있는 사람은 건강하다. 눈물을 흘리며 '도와주세요'라는 신호를 보내는 것은 '약하다'는 뜻이 아니다. 자존감이 높을수록 감정을 덜 억압한다. 강한 사람은 감정에 솔직하다. 감정 표현을 두려워하지 않는다. 용기 있는 사람만이 세상을 향해 눈물을 보일 수 있다. 울 수 있는 사람만이 세상을 감동시킬 수 있는 법이다.

남자가 쉽게 눈물을 흘리지 못한다면, 그 이유 중 하나는 '눈물을 보이며 무너져내리는데도 누구 하나 나에게 손 내밀지 않는다면, 더 비참해지고 말 것이다'라는 두려움 때문이다. 심지어 아내에게도 위로받지 못할 거라는 염려 때문에, 집에서조차 괴로움을 속으로 삼킨다는 중년 남자도 있었다. 물론 그럴 법한 이유가 있기는 했다. 과거 자신의 행동 때문에 아내에게 많은 상처를 주었는데 이제 와서 힘들다고 해보아야 아내가 위로해줄 리 없다는 것이었다. 그러고 보면, 조지 엘가 힉스George Elgar Hicks의 〈여자의 사명: 남자의 동반자〉에 등장하는 남자는 행복한 사람이다. 비록 편지를 받아들고 비탄에 빠졌지만, 그의 곁에는 사랑하는 아내가 있고, 아내가 따뜻한 손길로 위로해주고 있으니 말이다.

무엇을 위해
살 것인가

"아이 열심히 키우고, 남편 뒷바라지 잘해서 성공했고, 남부럽지 않게 사는데 나는 왜 이렇게 우울한지 모르겠어요."
내가 상담했던 여성들은 이런 말을 자주 했다. 무슨 이유로 우울한 거라고 털어놓을 수 있으면 덜 괴로울 텐데, 그렇게 할 수 없어서 마음의 병이 깊어졌다. 도저히 참을 수 없어서 "여보, 나 지금 너무 우울해요"라고 했는데, 이 말을 들은 남편이 한마디 한다. "당신이 배가 불러서 그런 거야!"

여성 우울증은 40대 후반부터 급격히 늘어난다. 폐경이라는 생리적 변화보다 중년이 겪는 심리적 변화가 중요한 원인이다. 가족을 위해 헌신하며 살았는데, 거울 속에 비친 자기 모습은 초라하기만 하다. 젊음은 날아가버렸고 어느새 세상 끝으로 밀려난 것 같다고 느낀다. 점점 늙어갈 텐데 앞으로 어떻게 살아야 할지 모르겠다. 하고 싶은 일이 있어도, 해낼 자신이 없다. 몸도 마음도 예전 같지 않다. 남편이라도 응원해주면 좋을 텐데 "쓸데없는 소리 하지 말고 가족이나 챙겨"라며 어깃장을 놓는다. '나는 앞으로 어떻게 살아야 하지?'라는 고민이 이어진다.

존 콜리어John Collier의 작품 〈레이디 고다이바〉를 보자. 아름다운 여인이 실오라기 하나 걸치지 않은 채 말 등에 앉아 있다. 이 작품에는 의미 있는 이야기가 담겨 있다. 그림 속 여성은 11세기 영국 중부 코번트리의 영주 레프릭 백작의 부인인 고다이바다. 레프릭 백작은 농노에게 가혹한 세금을 물려 고통에 빠뜨렸다. 고다이바는 남편에게 세금을 낮추어달라고 부탁했다. 아내의 청을 들은 백작은 "당신이 발가벗고 마을을 한 바퀴 돌면 세금을 낮추어주겠소"라고 했다. 백작은 '당신이 감히 그렇게 할 수 있겠어?'라며 아내의 진심을 얕잡아보았다. 하지만 고다이바는 그렇게 했다. 백작은 세금을 낮추어야 했고, 사람들은 고다이바를 칭송했다.

남부러울 것 없이 살아도 우울증은 생긴다. 겉으로 편해 보여도 남모를 스트레스 한두 개쯤은 누구나 갖고 있게 마련이다. 세상의 모든 우울증을 통틀어 단 하나의 원인을 꼽으라면 '의미 상실'이라고 할 수 있다. 꿈은 청년만 품는 게 아니다. 끝까지 버텨내야 하는 중년에게 '무엇을 위해 살 것인가?'는 더 중요하다. 나를 넘어 삶의 의미에 몸을 던질 때 우울증은 사라진다.

중년 여성의 우울증에 관해 강의할 때마다 마지막에는 항상 이 그림을 보여주었다. 내가 쓴 『사모님 우울증』이라는 책에도 이 그림을 실었다. 오랫동안 전업주부로 살았던 중년 여성이 우울증에 걸려 진료실을 찾아온 사례를 자주 접했는데, 항우울제만으로는 완치되지 않았다. 몸을 움직여 의미 있는 활동을 해야 우울증에서 완전히 벗어날 수 있다. 이런 조언을 하면 환자들은 종종 이렇게 대꾸한다. "나도 내 일을 해보고 싶어서 남편에게 말했는데 어깃장만 늘어놓아요." 남편이 진심으로 응원해주지는 않는다며 남편을 원망했다. 그때마다 나는 이렇게 답했다. "진정으로 원하는 것이 있다면, 남편에게 응원을 기대하지 마세요. 남편 말 무시하고 그냥 하세요." 누군가가 나를 응원해주기를 기다리다간 너무 늦다. 세월은 금방 간다.

졸혼하면
행복해질까?

파리 몽파르나스 묘지 안을 걸었다. 보들레르나 모파상이 영면하고 있어서 찾은 것은 아니다. 온종일 번화가를 걸었더니 오토바이와 자동차 소리에 귀가 화끈거려서, 묘지 안의 적막으로 귀를 좀 식혀주고 싶었다. 어깨동무하고 빼곡하게 들어찬 대리석 묘를 보고 있으니, 머릿속에서 쉬지 않고 재잘대던 걱정도 '죽고 나면 그게 다 무슨 소용이야'라는 흔한 말 한마디에 날아가버렸다.

노부부가 벤치에 앉아 누군가의 무덤을 물끄러미 보고 있었다. 죽은 가족을 찾아왔나? 저세상으로 먼저 떠나보낸 아들이나 딸이 있나? 집이 근처라 산책 삼아 나왔나? 그게 아니라면 다른 사람의 묘를 보며 '내가 죽으면 어디에 묻어달라고 할까? 묘지의 대리석은 어떤 색깔이 좋을까? 꼭 마누라 옆에 묻어달라고 해야지'라고 생각하는 것은 아니었을까? 그렇게 한참을 말없이 앉아 있다가 할아버지는 오른손으로 할머니의 등을 받쳐주며 느리게 묘지 밖으로 걸어나갔다.

　근래에 '졸혼'이 유행어가 되었지만, 중·장년 부부를 오랫동안 상담하면서 우리나라에는 졸혼이 이미 유행하고 있었다는 것을 느껴왔다. 오랫동안 참아왔던 남편의 못된 습관을 더는 못 견디겠다며 작은 오피스텔을 얻어 혼자 사는 아내, 은퇴하고 농사짓는 것이 꿈이라며 시골에 따로 집을 얻어 사는 남편, 한집에 살지만 각방 쓴 지 오래되었거나 방은 같이 써도 침대를 따로 쓰면서 서로의 안부조차 묻지 않고 겉으로만 그럴듯하게 사는 쇼윈도 부부까지. 기러기 부부도 위장된 졸혼인 경우가 많았다. 이런 부부들은 하나같이 말했다.

이혼하고 싶은 마음이 없는 것은 아니지만, 이혼하지는 않을 거라고.

결혼 생활을 오래 한 부부라면 졸혼하고 싶다는 생각을 누구나 한두 번쯤은 하지 않을까? 사랑이라는 감정의 부식성 때문에 부부가 오래 같이 지내다 보면 멀어질 수밖에 없다. "나는 졸혼할 마음이 전혀 없다"라고 목청 높이는 사람도 있지만, 이 경우 십중팔구 배우자가 "이제는 떨어져서 살고 싶다!"고 한다.

결혼을 졸업하고 부부가 따로 살면 행복해질까? 아무 문제 없이 그저 좋기만 하다면 신이 남자와 여자를 부부로 맺어주지도 않았을 거다. 신이 부부에게 내준 숙제를 다 풀지 못했기 때문에, 남자와 여자는 싸우고도 같이 살아야 하는 것일지도 모른다. 부부 갈등이 완전히 사라지는 순간은, 무덤에 묻히는 바로 그때밖에 없다.

세상의 모든 선택은 두 가지로 나뉜다. 접근 선택과 회피 선택. 전자는 좋아서 선택하는 것, 후자는 싫어서 피하다 보니 선택된 것이다. 배우자를 고를 때 "그 사람의 이런 점이 정말 좋았어요"라는 마음을 따랐다면 접근 선택이다. "이게 싫고, 저게 싫고, 이런 사람 저런 사람 피하다 보니 이 사람만 남더라고요"라고 한다면 회피 선택이다. 회피도 중요하다. 싫은 것, 위험한 것은 피해야 한다. 그래야 안전하다. 하지만 만족감, 뿌듯함, 성취감, 충만함과 같은 감정은 접근 선택을 해야 얻을 수 있다.

'졸혼할 것이냐 말 것이냐', '졸혼하면 더 행복해질까 아닐까'도 회피 선택이냐 접근 선택이냐에 따라 결정된다. "이 남자(이 여자)와 같이 사는 게 싫어서 혼자 살래요"라고 한다면 회피 선택이고, "혼자 살면서 이것도 하고 싶고, 저렇게도 살아보고 싶어서 졸혼을 선택했어요"라면 접근 선택이다. 접근 선택으로 졸혼을 결정했다고 믿었는데 막상 실천에 옮기려니 '혼자 살다 고독사하면 어쩌나. 쓰러지면 누가 나를 병원으로 데리고 갈까'라는 생각이 들어 불안하다면? 진짜 접근 선택을 한 게 아닐지도 모른다. 정말 졸혼을 간절히 원했다면 이런 걱정 따위는 들지 않아야 한다. 이럴 때는 스스로 다시 물어야 한다. "과연 졸혼으로 내가 더 행복해질 수 있을까?"라고 말이다.

'나쁜 남자'가
되는 이유

    상담실을 찾아온 J가 말했다. "저희 남편은 밖에서만 젠틀
맨이지 집에서는 나쁜 남자예요." 비단 J의 남편만 그럴까?
결혼한 여성을 상담하다 보면, 똑같은 이야기를 자주 듣는
다. 그러다 보니, 대한민국의 결혼한 남자 중에는 나쁜 남자
가 참 많다는 생각이 들었다. '밖에서만 좋은 남자, 집에서는
나쁜 남자'는 명절이 다가오면 부쩍 늘어나고 명절 연휴가
끝나도 좀체 줄지 않는다.

요즘은 남자도 명절이 힘들다고 한다. 운전해서 고향에 내려가면 피곤하고, 어른들께 인사하고 오랫동안 못 보았던 지인을 만나는 것도 부담스러운 일이라 하루 이틀 고향에 머물다 집으로 돌아오는 명절 연휴가 예비군 훈련 같다고 호소하는 남자도 있었다.

상담했던 40대 남성은 명절 때마다 아내가 "내 친구는 명절 연휴가 되면 해외여행 가는데 나는 시댁 가서 전이나 부치고, 설거지하고……"라고 하면 묵묵히 그 말을 들으며 최대한 아내의 비위를 맞춘다고 했다. 평소에는 밤늦게 퇴근해서 집에서는 잠만 자고, 집안일은커녕 아이들과 놀아주지도 못하고, 주말이면 피곤하다고 소파에 누워 있었는데 명절이라고 아내에게 "결혼한 여자가 차례 준비하는 건 당연하잖아. 다른 여자들도 다 하는 건데 생색낼 필요 없잖아!"라고 말했다가는 이기지도 못할 부부 싸움만 하게 된다면서.

팍팍한 현실에서 치열하게 살아가는 직장인 중에 퇴근 후에도 힘이 넘쳐나서 가족과 열정적으로 시간을 같이할 수 있

는 사람이 과연 얼마나 될까? 칼같이 퇴근해서 '저녁이 있
는 삶'이라는 듣기 좋은 구호를 실천에 옮길 수 있는 직장인
은 또 얼마나 될까? 회사에서 인정받으려고 힘을 다 써버려
서 가족에게 멋진 모습을 보여줄 시간과 에너지는 남겨둘 수
도 없는데……. 이렇게 살다 보면 밖에서만 젠틀맨, 집에서
는 나쁜 남자가 될 수밖에 없지 않을까?

　회사가 남자를(물론 직장 여성들도 포함해서!) 조금 더 놓아주
었으면 좋겠다. 직장에서 잘리지 않고 끝까지 버텨내려고 전
전긍긍하는 소심한 남자가 집으로 돌아오면 나쁜 남자가 되
고 마는 멍에에서 벗어나려면 '가족이 먼저다'라고 회사가
먼저 나서야 한다. 그러지 않고는 '밖에서만 젠틀맨, 집에서
는 나쁜 남자'가 점점 더 늘어날 수밖에 없다. 직장인이 슈퍼
맨도 아니고, 몸이 2개도 아니고, 하루를 48시간으로 사는
것도 아니니 말이다.

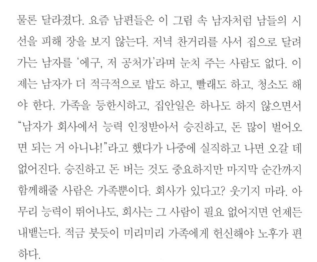

물론 달라졌다. 요즘 남편들은 이 그림 속 남자처럼 남들의 시선을 피해 장을 보지 않는다. 저녁 찬거리를 사서 집으로 달려가는 남자를 '에구, 저 공처가'라며 눈치 주는 사람도 없다. 이제는 남자가 더 적극적으로 밥도 하고, 빨래도 하고, 청소도 해야 한다. 가족을 등한시하고, 집안일은 하나도 하지 않으면서 "남자가 회사에서 능력 인정받아서 승진하고, 돈 많이 벌어오면 되는 거 아니냐!"라고 했다가 나중에 실직하고 나면 오갈 데 없어진다. 승진하고 돈 버는 것도 중요하지만 마지막 순간까지 함께해줄 사람은 가족뿐이다. 회사가 있다고? 웃기지 마라. 아무리 능력이 뛰어나도, 회사는 그 사람이 필요 없어지면 언제든 내뱉는다. 적금 붓듯이 미리미리 가족에게 헌신해야 노후가 편하다.

요리를
배우기로 했습니다

'저녁 식사로 뭘 해 먹을까' 고민하며 요리책을 뒤적였다.
일본식 된장 돼지고기 볶음이 눈에 들어왔다. 이 정도면 나도
할 수 있겠다 싶었다. 냉장고에 돼지고기는 없었고, 불고기
만들 때 남겨두었던 소고기가 있었다. '그래 이것으로 대신하
자.' 소고기와 돼지고기는 익히는 정도가 달라야 하니 조리
순서만 바꾸면 된다. 냉장고 야채 칸에는 송이버섯 4개, 가지
하나, 파란 고추 몇 개와 노란 피망 반 토막이 있었다. '사둔

지 오래되어서 그대로 두면 시들해질 테니 이번 요리에 쓰자.' 먼저 일본 된장과 미림을 섞고 간장과 설탕으로 간을 맞추어 양념을 만든다. 프라이팬에 기름을 두르고 야채를 볶다가 숨이 살짝 죽었을 때 만들어 둔 양념을 넣는다. 그리고 소고기를 넣고 졸이듯 익힌다. 이것을 고슬고슬한 밥 위에 올려 덮밥으로 내놓으면 끝.

첫술을 뜨자마자 아내와 딸이 맛있다며 눈을 동그랗게 떴다. "내가 엄마보다 요리 잘하지?" 딸에게 물었다. "응, 아빠가 엄마보다 잘하네." 저녁 준비로 고생한 나에게 립 서비스로 한 말이겠지만 액면 그대로 믿기로 했다. 나는 일본식 된장 소고기 야채 덮밥을 앞에 두고 "요리를 배워보고 싶어"라고 선포했다. 딸은 '아빠가 설마 요리를 배우러 가겠어'라는 듯 미심쩍은 표정을 지었고, 아내는 "마음대로 해"라며 영혼 없는 대답을 했다.

다음 날, 주말 요리 강좌를 신청하려고 집 근처 문화센터에 갔다. 하지만 입구에서 멈추어서고 말았다. '실습하다가

엉뚱한 실수를 저질러서 창피를 당하는 것은 아닐까?'라는 생각이 불현듯 스쳤기 때문이다. 정신과 의사로 20년 가까이 수많은 여성을 상담했지만, 가운을 벗고 낯선 여성들과 함께 요리를 배우려니 무척 어색할 것 같았다.

　몇 년 전『사모님 우울증』이라는 책을 내고 백화점 문화센터에서 강의를 종종 했는데, 그때마다 "부끄럽다는 마음을 떨치고 새로운 경험에 자신을 던져 넣어야 합니다"라고 외치고 다녔더랬다. 그런데 정작 나는 요리 강좌 앞에 주눅 들고 말았으니, 역시 말로만 되는 것은 없나 보다. 직접 부딪쳐 체험하고, 그 속에서 재미를 느껴야 인생이 풍성해진다. 생각과 느낌은 옆으로 제쳐두고, 행동으로 일단 저지르고 보아야 한다.

주말 요리반에 나가니 남자도 몇 명 있었다. 아직 나는 젊다고 스스로 믿고 있지만, 그곳에서 내 나이가 제일 많았다. 그래도 아랑곳하지 않고 수업에 몰입했다. 요리 비법을 알려주면 수첩에 적고, 실습도 적극적으로 했다. 앞에 나서서 야채를 썰고, 양념장을 만들었다. 요리를 열심히 하는 이유가 무엇이냐고 물으면 "아내와 딸에게 맛있는 요리를 해주고 싶었어요"라고 하면 너무 속 보이는 대답이고, "늙어서 굶지 않으려면 내 밥 정도는 스스로 차려 먹을 수 있어야 할 것 같아서요"가 솔직한 심정이다. 오랫동안 상담하면서 느낀 것 중 하나는 나이가 들수록 (일반적으로) 남자가 여자보다 실생활에서 생존력이 현저하게 떨어진다는 것이다. 스스로 밥하고, 빨래하고, 청소하고, 쓰레기 치울 줄 모르는 남자일수록 나이가 들면서 정신 건강이 나빠졌다. 이런 사례들을 접하면서 '나는 그렇게 되지 말아야지'라고 반면교사 삼게 된 것이다.

chapter

4

마음을 움직이는 그림

자존감은
몸을 써야 커진다

자존감은 무조건 높아야 할까? 자존감이 낮으면 심리적으로 문제가 있는 것일까? 그렇지 않다. 우리의 자존감은 오르락내리락하는 것이 일반적이다. 열등감은 없어야 할까? 그렇지 않다. 사람은 누구나 열등감에 시달린다. 열등감도 심했다가 조금 나아졌다가, 어느 순간 다시 심해지는 것이 보편적이다.

세상에는 열등감을 없애고 자존감을 키워준다는 수많은 방법이 있다. 이것들을 모아보면 핵심은 하나로 수렴된다. 바로 '있는 그대로의 나를 받아들이는 것'이다. 이것을 고상하게 표현하면 수용acceptance이라고 한다. 자신의 못난 부분, 눈을 질끈 감아버리고 싶은 특징 때문에 괴로워하지 말고 그냥 받아들이라는 것이다. 안 되는 것을 억지로 바꾸려고 힘 빼지 말고, 그 힘으로 자신이 추구하는 인생의 가치에 전념commitment해야 자존감이 올라간다. 이 둘을 합쳐서 '수용과 전념'이라고 부른다. 스트레스, 우울증, 불안장애, 외상후스트레스장애 치료에서 각광받는 기법도 수용전념치료다.

있는 그대로의 나를 받아들이라고 하지만, 정신과 의사인 나도 내가 미울 때가 적지 않다. '있는 그대로의 나를 사랑해야지'라고 다짐하지만 다른 교수가 훌륭한 논문을 발표하면 '아, 나는 뭐 하고 있었나' 하고 어깨가 툭 떨어진다. 내가 쓴 책이 잘 팔릴 때는 '야, 내 글이 좀 먹히는구나'라며 으쓱했다가, 요즘 잘나가는 다른 책을 보면 금방 소심해진다.

자존감을 올려보겠다고 자기 마음속으로 파고드는 것은 효과가 없다. 가능하지도 않지만 콤플렉스를 말끔히 날려버린다고, 자존감이 높아지는 것도 아니다. 자기 계발서를 통째로 외워도 열등감은 사라지지 않는다. '나를 사랑하자'라고 아무리 마음을 다잡아도, 세상 풍파에 이리저리 치이다 보면 자존감은 모래성처럼 속절없이 무너져 내리곤 한다.

마음만 고쳐먹는다고 되는 것이 아니다. 자존감은 내가 소중하게 여기는 것을 향해 꾸준히 움직여나갈 때 비로소 커진다. 그 어떤 약점에도 불구하고, 내가 잘 할 수 있는 일을 끝까지 밀고 나갈 때 '나'라는 사람도 완성된다. 약간의 부족함과 약간의 흠집을 가진 '나'라는 사람이 멈추지 않고 행동하기 때문에 이 세상도 제대로 굴러가는 것이다.

자존감이라는 추상적 개념을 현실에 재현한 것이 바로 〈마루를 깎는 사람들〉이라는 그림이다. 자존감을 다룬 책이 베스트셀러가 되었고, 그래서인지 환자들은 상담 끝에 꼭 이렇게 말했다. "내 문제는 자존감이 낮아서 생긴 것 같아요." 그리고 한마디 덧붙인다. "자존감이 높아지면 다 해결될 것 같아요." 맞는 말이다. 자존감이 높으면 상처도 덜 받고, 스트레스를 받아도 당당하게 자기를 지킬 수 있다.

하지만 자존감이라는 것이 마음만 독하게 먹는다고 키워질까? 바닥에 깔려 있던 자존감이 상담을 받으면 벌떡 일어날까? 그렇지 않다. 자존감은 나를 벗어나 가치 있는 활동에 전념할 때 비로소 커진다. 재미없고, 고통스럽고, 남들이 알아주지 않더라도 나에게 특별한 그 무엇을 향해 온몸으로 다가갈 때 자존감은 자연스럽게 커진다. 마룻바닥을 대패로 깎을 수도 있고, 창문을 닦을 수도 있고, 걸레로 테이블을 닦을 수도 있다. 몸을 굽혀 아래로, 아래로 향하더라도 '가치 있는 일에 몸을 써서 헌신하고 있다'는 체감이 쌓여야 자존감도 커진다.

창의성은
불안 속에서 피어난다

인간은 누구나 창의적이다. 창의성이 없는 사람은 없다. 창의성이 뛰어난 사람과 그렇지 않은 사람이 따로 있지 않다. 타고난 천재도 있지만 이런 사람이 더 창의적인 것은 아니다. 누구나 태어날 때부터 똑같은 창의성을 갖고 태어난다. 신은 누구에게나 똑같이 창의성을 나누어주었다. 창의성은 인간 실존의 한 부분이며, 창의력은 인간을 성장시키는 가장 강력한 힘이다.

"창의성을 발휘해라. 크리에이티브한 아이디어를 내놔라"라는 말을 어렵게 받아들일 필요 없다. 번뜩이는 것을 만들려고 억지로 머리를 쥐어짤 게 아니라, 솔직한 자기를 자연스럽게 드러내면 된다. 그게 무슨 소리냐며 의아해할 수도 있겠지만, 내가 믿는 창의성의 정의에 따르면 그렇다.

그 어떤 것도 모방하지 않고 유일무이한 것을 실현하는 일이 창조라면, 그렇게 할 수 있는 방법은 단 하나. 자신의 개성을 온전히 세상에 드러내면 된다. 다른 모든 것은 모방할 수 있어도 나와 똑같은 사람은 없으니, 나다움을 찾아가면 누구나 창의성을 발휘할 수 있다. 단순하게 표현하면, 자기가 아닌 다른 사람이 되려고 애쓰지 않으면 된다. 독창성이란 결국 자신을 변함없이 진실하게 대할 때 얻어지는 것이니까.

"그렇게 쉬운 거라면 왜 지금도 수많은 사람이 아이디어를 얻으려고 머리를 싸매고 있겠느냐?"라며 미심쩍어하는데, 불안이라는 감정이 창의성을 가로막은 탓이다. 독창성에는 언제나 불안이 따른다. 기발한 아이디어를 내놓고 남다른 기획을 펼쳐내면 세상 사람들이 "그거 대단한데"라며 순순히 받아들일까? 그럴 리 없다. 인간은 본능적으로 생소한 것을 거부한다. 비판하고 비난하며 몰아내려고 한다.

나다움을 지키기 위해서는 치러야 할 희생도 만만치 않다. 거부와 소외를 각오해야 한다. 거부와 소외가 불안으로 덮쳐오면 겁먹고 스스로 창의성의 불꽃을 짓눌러버리게 된다. 불안에 휘둘리면 내면의 불꽃은 이내 꺼지고 만다. 내 안에 빛이 있어도 보지 못한다. 결국 창의적인 사람이 되느냐 마느냐는 신념의 문제이지 재능이 결정하는 게 아니다. 그래서 실존주의 심리학자 롤로 메이Rollo May도 창조에 가장 필요한 것은 용기라고 힘주어 말했던 것이다.

앙리 마티스Henri Matisse의 〈이카루스〉 속 이카루스는 날아오르고 있을까? 추락하는 중일까? 덩크슛하는 것처럼 한쪽 팔을 쭉 뻗어 올리며 도움닫기 하는 것 같기도 하고, 허공으로 속절없이 떨어지는 것 같기도 하다. 전문가들은 추락하는 이카루스를 표현한 것이라고 하던데, 내 생각에는 어느 쪽으로 해석하든 별 상관없을 것 같다. 상승이든 추락이든, 어쨌든 끝까지 날아오르려는 열망을 보여주고 싶었던 것일 테니까. 무모하고 어리석은 욕망이 아니라, 빨간 심장을 엔진 삼아 녹아내리는 공포까지 뛰어넘으려는 이카루스의 의지를 보여주려고 했을 테니까. 노란 불꽃은 이카루스의 열정에 대한 찬사이고.

아프지만 필요한 감정,
죄책감

우리를 가장 괴롭히는 감정은 죄책감이다. 규칙을 어기고, 잘못을 저지르고, 해야 할 일을 하지 않으면 죄책감에 시달리게 된다. 죄책감과 우울은 항상 짝을 이루어 찾아온다. 우울증 환자의 병적인 죄책감은 자살을 부른다.

그렇다고 죄책감을 무조건 나쁘다고 할 수는 없다. 심리학 연구 결과를 보면, 죄책감을 잘 느끼는 성향guilt-prone personality

이 있는 사람은 타인의 감정을 잘 인식하고, 공감 능력도 뛰어나다고 한다. 이런 사람은 책임감이 강하고, 공정성을 지키려는 열망도 크다.

개인적으로는 괴롭지만, 사회적으로 보면 죄책감은 이로운 감정이다. 우리가 옳게 행동하려고 애쓰는 것도 죄책감 때문이다. 죄를 반성하고, 용서를 구하고, 앞으로 달라지겠다고 다짐하는 것은 죄책감에 따라오는 고통에서 벗어나려는 몸부림이다. 사회의 도덕적 기준에 따라 몸을 낮추어 살겠다고 공개적으로 선언하면 괴로움은 줄어든다. 미안하다며 머리를 조아리고 괴로워하는 사람을 보면, 동정하고 용서해주고 싶어진다. 죄책감은 완벽하지 않은 인간을 하나로 묶어주는 친사회적 감정이다.

상담하다 보면, 죄책감이 제자리를 찾지 못하고 엉뚱한 사람을 괴롭히는 사례를 종종 본다. 남편의 폭력에 시달려온 아내가 "내가 남편에게 더 잘해주었으면 되는데……제 잘못이에요"라며 자기 탓을 하고, 정작 죄를 지은 남편은 "술에 취해 실수한 거다. 기억나지 않는다"며 죄책감을 피해가려 한다. '갑질'하는 권력자나 사이코패스의 근본적인 원인도 죄책감을 느끼지 못한다는 데 있다. 이들은 약하고 힘없는 사람을 괴롭히고, 해를 입혀놓고도 "당해도 싸다"라며 뻔뻔하게 군다.

인간이 인간다울 수 있는 것은, 미안함을 느끼기 때문이다. 죄책감은 그것을 감당할 수 있는 성숙한 어른의 감정이다. '내가 부족해서 당신을 충분히 돌보지 못했다'라는 마음이 지금보다 나은 사람이 되게 한다.

죄책감은 자연스럽게 솟아나는 일차적 감정이다. 누군가는 이렇게 말했다. "송구스럽게 생각한다." 송구하면 송구한 것이지, 송구스럽게 '생각할' 수는 없다. 죄책감은 느끼는 것이지, 생각으로 아는 것이 아니다. 자신에게 송구한 마음이 있다는 것을 생각해서 알게 되었다는 것은 미안함도, 죄책감도 느끼지 못했다는 뜻이다.

죄책감은 다리미처럼 구겨진 마음을 단정하게 펴주
지만, 못처럼 가슴에 박혀 우리를 아프게 한다. 죄책
감을 느끼는 것은, 우리가 인간이기 때문이다. 인간
이 인간다울 수 있도록 해주는 최고의 감정이 죄책감
이다. 죄책감은 신이 인류에게 더는 타락하지 말라며
준 선물이다.

외향적인 너,
내향적인 나

"외향적으로 바뀌면 직장에서 성공할 수 있을 것 같아요. 내향적인 제 자신이 너무 싫어요. 심리 치료를 받아서 성격을 바꾸고 싶어요"라며 상담실 문을 두드리는 사람들이 있다. 성격을 바꾼다는 것이, 늘어난 뱃살을 빼는 것처럼 힘은 들어도 노력하면 가능한 일일까? 아니면 콧대를 자기 의지로 더 높게 만들려고 애쓰는 것만큼이나 부질없는 짓일까?

외향성과 내향성에는 근원적인 차이가 있다. 외향적인 사람은 다른 사람과 어울리고 대화하면서 에너지를 얻는다. 내향적인 사람은 타인과 함께 있을 때 에너지를 빼앗긴다. 그래서 재충전을 위한 혼자만의 시간이 필요하다. 외향적인 사람은 이야기꾼이다. 하지만 타인의 마음을 읽고 섬세하게 반응하는 데는 서툴다. 결단이 빠르고 행동적이지만, 사려가 깊지는 못하다. 외향적인 사람의 주된 관심은 현실의 세상이지만, 내향적인 사람은 마음에서 일어나는 일이 더 의미 있고 중요하다고 여긴다.

나는 내향적인 사람이다. 사람들 앞에 나서는 것이 무척 힘들고, 혼자 있는 것을 좋아한다. 평소에는 말수도 적다. 생각하는 것을 좋아하고, 책 읽고, 음악 듣고, 글을 쓰면 행복하다. 할 일을 끝내고 운동하고 집에 가서 가족과 저녁을 먹는 것이 제일 좋다. 회식은 작은 통에 나를 억지로 욱여넣는 듯해서 고역이다. 내가 정신과 의사 노릇을 하며 가끔 텔레비전이나 라디오에 나오는 것을 두고 평소 내 모습을 잘 아는 지인들은 신기하게 여긴다.

예전에는 내향성을 나쁘게 여겼다. 하지만 나이가 들수록 내향적인 내 성향을 사랑하게 되었다. 나름 장점이 많다. 혼자 일하는 것도 잘 하고, 외로움도 덜 탄다. 굳이 옆에 사람을 두지 않아도, 혼자서 즐길 거리가 많다. 깊은 사색을 편안하게 느끼고, 기발한 아이디어가 떠오르면 기분이 좋아진다. 내향적인 사람은 원래 이런 것을 좋아한다.

외향적이냐, 내향적이냐 하는 것은 상당 부분 유전자가 결정한다. 내향적인 아이가 어른이 되어 사회에서 살아남으려고 적극적이고 사교적인 척 행동할 수는 있지만, 근본적인 기질은 바뀌지 않는다. 자신이 내향적이라면 낯선 사람들과 어울려야 하는 자리가 어색하고 힘겹게 느껴질 수밖에 없다. 그렇다고 위축될 필요 없다. 문제 될 것도 없다. 사교적인 사람이 되어야 한다고 자신을 몰아세우지 마라. 말을 잘하는 것도 좋지만, 차분히 남의 이야기를 들어주는 사람이 더 대접받는다. 남들이 무어라 하건 본성에 어울리게 사는 것이 가장 행복한 법이다. 내향성의 장점을 살려서 자기를 사랑하며 사는 것이 최고다.

프랑스 도빌Deauville에 잠시 머문 적이 있다. 이왕이면 경치 좋은 곳에 묵으려고 에어비앤비를 뒤져서 꽤 비싼 숙소를 구했다. 창가에 앉아 있으면 아침 바다 물 안개를 볼 수 있었고, 저녁에는 몰아치는 파도 소리를 감상할 수 있었다. 저 멀리 등대 두 개도 보였다. 프랑스 아니랄까 봐 빨간색 하나, 초록색 하나가 거리를 두고 나란히 서 있었다. 색깔과 둘 사이의 간격이 딱 적절했다. 독립적인 존

재감뿐 아니라 이 둘은 함께 있어야 진면목을 발휘할 것 같았다. 내가 더 좋은 등대라며 싸우지 않고 서로의 가치를 인정하는 모양새랄까? 내향성과 외향성도 무엇이 더 낫다고 할 수 없다. 적당한 거리를 두고 함께 존재할 때 그 가치가 빛난다.

외로움에 대처하는
두 가지 방법

　정호승 시인은 "울지 마라. 외로우니까 사람이다. 살아간
다는 것은 외로움을 견디는 일이다"라고 했지만, 뼛속까지
시려오는 외로움은 쉽게 참아지지 않는다. 남들은 가족과 화
목하게 지내고 친구도 많은 것 같은데 나만 혼자인 것 같다
는 생각이 들면 정말 괴롭다. 이쯤 되면 "공연히 오지 않는
전화를 기다리지 마라. 눈이 오면 눈길을 걸어가고, 비가 오
면 빗길을 걸어가라"는 시인의 충고는 잊어버리고 누구에게

든 매달리고 싶어진다. 이게 인간의 자연스러운 본능이다.

서로 모르는 세 사람이 그냥 같이 있으면 괜찮은데, 나를 빼고 두 사람이 캐치볼 하는 것을 지켜보면 괴로워진다. "그 깟 캐치볼이 뭐라고!"라며 대수롭지 않게 여길 수도 있지만, 타인에게 소외당했다는 것 자체가 큰 고통이다. 이런 상황에 처하면 뇌의 배측전대상피질dorsal anterior cingulate cortex과 앞뇌섬anterior insula이 활성화되는데, 이 두 영역은 몸의 통증을 느낄 때도 똑같이 활성화된다. 외로우면 몸까지 아려오는 것도 바로 이 때문이다.

외로움은 건강에도 해롭다. 혈압과 콜레스테롤 수치를 끌어 올리고 심혈관을 딱딱하게 만든다. 스트레스에 시달릴 때처럼 코르티솔 분비가 증가하고 자율신경계의 균형이 깨진다. 외로움은 심혈관 질환, 우울증, 알츠하이머 치매의 위험 인자다.

1961년 미국 내과 의사 스튜어트 울프Stewart Wolf는 펜실베이니아주 로세토^{Roseto} 지역의 의사에게 흥미로운 이야기를 들었다. 그 지역에 사는 이탈리아계 주민들은 술과 담배를 즐기고, 소시지와 미트볼을 잔뜩 먹는데도 심장병에 잘 걸리지 않는다는 것이었다. 울프 박사가 이 지역의 심장병 발생률과 사망률을 조사했더니 중·장년층에서는 심장병으로 사망한 사람이 없었고, 노년층의 사망률은 전국 평균의 절반에 불과했다. 도대체 이유가 무엇일까? 확인했더니 신뢰와 상호 존중의 공동체 문화가 장수 비결인 것으로 밝혀졌다. 사람들 사이의 친밀감이 질병을 막아주고 오래 살게 해준 것이다.

외로움을 달래는 방법은 두 가지다. 인간은 본질적으로 고독한 존재라는 것을 인정하고 받아들이는 것. 타인에게 더 많은 사랑을 내어주며 사는 것. 정호승의 시 〈수선화에게〉가 가르쳐준 교훈과 로세토 효과를 기억하면 된다.

그림 속 남녀는 권태기 부부일
까? 남자는 신문을 읽고 있고, 여
자는 손가락으로 피아노 건반을
누르고 있다. 둘 사이에 큰 장벽
이 가로막고 있는 듯하다. 식탁
에 마주 보고 앉아 있든, 침실에
나란히 누워 있든 아무 말도 하
지 않을 것 같다. 침묵으로 서로
를 향해 분노하고 있는 것인지도
모르겠다. 잔뜩 화가 나 있을 때,
삿대질하고 목소리를 높이는 것
보다 아무 말도 없이 서로를 무
시하는 게 깊은 상처를 남긴다.
앞선 생각일지 모르지만, 그림
속 남녀는 분명 조만간 서로를
밀쳐내며 헤어질 것 같다.

공감과
동정의 차이

인간은 누구나 공감받기를 원한다. 가족에게, 친구에게, 심지어 한 번도 직접 본 적 없는 정치인에게도 내 심정을 알아달라고 호소한다. 수년 전 유명 정치인이 텔레비전 예능 프로그램에 출연해 이렇게 말한 적이 있다. "공감empathy은 타인의 아픔을 마음으로 느끼는 것이고, 동정sympathy은 머리로 이해하는 것이다" 그는 공감에 대해 교과서에 적힌 대로 정확하게 말했다.

동정이 내 삶을 파괴하지 않을 정도로 적당히 남을 걱정하는 것이라면, 공감은 내 삶을 던져 타인의 고통과 함께하는 것이다. 동정이라는 감정 속에는 타인의 아픔을 멀찍이서 바라보며 '저 사람을 보니 나는 아직 괜찮게 살고 있네'라고 느끼는 우월감이 담겨 있다. 누군가는 동정에 대해 이렇게 말했다. "참혹한 고통을 겪은 사람들의 삶을 안방에서 지켜보고 얼마씩 기부하면서 스스로에게 면죄부를 줄 수 있는 감정이다." 값싼 동정이라는 말이 괜히 나온 게 아니었나 보다. 말로 들으면 고개를 끄덕이게 되지만, 동정 아닌 공감을 실천하는 것은 무척 어렵다. 동정하고도 공감했다며 우기는 경우가 다반사다.

공감하기 위해서는, 타인을 향한 관심과 사랑이 끊이지 않아야 한다. 공감 능력은 유한 자원이다. 공감도 너무 많이 하면 피로에 빠진다. 공감 에너지를 완전히 소모해버려서 마음이 꿈쩍도 하지 않는 것을 '공감 피로'라고 부른다. 일종의 감정 탈진이다. 병든 가족을 오랫동안 돌보는 사람이나, 중환자를 치료하는 의사나 간호사가 이런 상태에 빠지기 쉽다.

정신과 의사인 내게도, 누군가의 아픔에 공감하는 것은 무척 어려운 일이다. 부끄러운 말이지만 "당신의 고통에 저도 공감하고 있습니다"라고 해놓고 '과연 내가 제대로 공감했을까?'라고 되묻기도 한다. "공감은 직접 경험해본 사람만이 가질 수 있는 것이다. 어떤 일도 직접 경험하고 똑같은 상황에 처해보지 않고서는 처절하게 이해하고 느낄 수 없다"라고 한다면, 공감이란 영원히 닿을 수 없는 곳에 있는 감정일 거다.

5 · 18 기념식장에서 대통령이 한 여성을 안으며 위로하는 사진을 보았다. 뭉클했다. 동정이 아니라 공감하고 있다는 느낌이 전해졌다. 그가 공감의 불가능성을 뛰어넘기 위해 노력하고 있다는 느낌이 들었다. 타인의 아픔이 온전히 내 것이 될 수 없을 때 우리가 할 수 있는 최선의 공감은, 비탄에 빠진 사람을 품어 안으며 같이 눈물 흘리는 것이다.

마음이 아플 때, 그림 속 할머니처럼 다독여줄 누군가가 있다면 우울증에 걸릴 일도, 죽고 싶다는 생각에 빠져들 일도 없을 것이다. 우울한데 아무도 내 곁에 없다는 생각에 휩싸이면 더 깊은 우울로 휩쓸려 들어간다. 비탄에 빠져 눈물이 날 때, 손잡아줄 사람 한 명 없으면 절망이 밀려든다. 누군가의 어깨를 빌릴 수 있다는 믿음이 우리를 버티게 한다. 내 손을 잡아줄 누군가가 있다는 '믿음'이 나를 잃지 않고 꿋꿋이 세상에 발붙이게 한다.

모든 문제는
시간 문제다

감정의 모든 문제는 시간에서 비롯된다. 철학자들이 끊임없이 천착한 주제가 시간인 것도 비슷한 이유일 거다. 우울은 과거와 단단히 묶여 있다. 잃어버린 것을 그리워하고, 지난 일을 후회하고 되새김질하면 슬퍼진다. "결혼하고 시집살이하느라 괴로웠어요. 이 남자와 결혼하지 않고 혼자 살았으면 행복했을 거예요"라고 말하며 과거 속을 헤매면 우울해진다. 불안은 다가올 시간에 대한 근심이다. 앞으로 일어날 일과 지금은 갖고 있지만 사라지고 말 것을 두려워한다. 가슴이 조금만 답답해도 '심장마비가 오면 어쩌지. 이러다 갑자기 죽는 게 아닐까'라고 미래를 상상하면 불안해진다.

우리의 생각은 과거와 미래로 끊임없이 흩어지며, 현재와의 접속이 수시로 끊긴다. 과거, 현재, 미래의 시간 중에 실재하는 것은 현재뿐이다. 생각 속에서만 존재하는 과거와 미래를 실재로 인식하면 감정에 문제가 생긴다. 우울과 불안에 시달리는 사람들은 상상 속의 시간을 현실처럼 느끼며 괴로워한다.

모든 심리 치료는 지금 이 순간의 경험에 주의를 기울이도록 한다. 변하지 않는 행복의 속성도 현재에 집중하기다. 현재 경험에 몰입하면, 시간이 정지된 것처럼 느껴진다. 더 깊은 삶의 의미에 닿을 수 있다. 몰입 경험을 더 자주, 더 많이 할수록 행복해진다. 재독 철학자 한병철 교수는 '향기로운 시간을 음미해야 한다'라고 맛깔나게 말했다.

과거 대 현재, 현재 대 미래라는 대립적 시간 인식은 곤란하다. 현재와 떼어낼 수 있는 과거는 없고, 현재에 뿌리내리지 않은 미래는 없다. 과거, 현재, 미래 사이에는 그 어떤 경계도 없다. 단테는 "모든 시간이 곧 지금 이 순간이다"라고 하지 않았던가.

과거를 잊고 미래를 무시하라는 말이 아니다. 바꿀 수 없는 과거와 불확실할 수밖에 없는 미래에 매달려 지금 이 순간을 놓쳐서는 안 된다는 것이다. 과거를 지우는 데 너무 많은 시간을 써버리고, 미래를 위해 당연히 현재를 희생해야 한다고 믿으면 행복과는 멀어진다. 과거에 가치를 부여하는 것도, 미래를 풍요롭게 만드는 것도 현재에 충실해야 가능하다. 과거는 깨끗해야 한다고 주장하는 사람, 미래는 지금보다 나아져야 한다고 웅변하는 사람 모두 지금 당장의 현실에 주의를 더 기울여야 한다.

시간은 가슴을 두드리고
생각을 두드린다, 소리 없이 당당하게,
시간에 의해 파괴될 운명을 아는 생각을.
-월리스 스티븐스Wallace Stevens

시간의 비밀을 푸는 것은 물리학자만 하는 일이 아니다. 뇌과학자도 개
인이 지각하는 시간이나 생체리듬과 관련된 연구를 한다. 나는 시간의
물리적 진실이나 유기체 내부에서 흐르는 시간보다 메타포로서 시간의
의미에 흥미가 있다.
내 일천한 경험을 바탕으로 수많은 사람의 이야기를 듣고 해석하려면 어
떻게 해야 할까? 어떻게 해야 조금이라도 이런 일을 더 잘할 수 있을까?
이런 고민에 쉽게 답이 나오지 않았다. 아무리 공부해도 나를 찾아온 모
든 이를 이해할 수 있게 해주는 공부란 존재하지 않았다. 심리학 이론이
나 뇌과학만으로 인간의 마음을 모두 설명할 수 없었다. 그런데 시간이
라는 주제는 달랐다. 그 사람이 누구든, 그 사람의 문제가 무엇이든 시간
을 통하면 반드시 깨달음에 도달하는 길이 나왔다. 이 세상에 존재하는
모든 것은 시간으로 환원되고 대체될 수 있다. 시간은 세상에 존재하는
모든 문제를 풀기 위한 마스터키였다. 그래서 나는 지금도 여전히 시간
이 궁금하다.

시간이 흘러야
제대로 보인다

14년 전 나는 경상북도 경산의 국군병원에서 근무하다 이
라크 파병 통지를 받았다. 그 당시 아내는 임신한 몸으로 아
무런 연고도 없는 곳에 내려와 이름 모를 산 중턱의 오래된
관사에서 나와 함께 살고 있었다. 파병 통지를 받고 아내와
나는 두 손을 잡고 울었다. "그 많은 정신과 군의관 중에 하
필이면 왜 내가 파병을 가야 하느냐"며 원망했다. '미국이
일으킨 전쟁에 왜 우리가 참전하느냐'며 억울한 마음까지 품

었다. '어디로 사라져버릴까'라는 헛된 생각도 잠시 했지만 어쩌겠는가. 2004년 봄 파병된 뒤 한 달이 채 지나지 않았을 무렵, 딸이 태어났다는 소식을 이라크 나시리야에서 전화로 알게 되었다.

지금은 그때 일을 글로도 쓰고, 강연하며 유머 삼아 꺼내 놓는다. 내 책을 담당했던 편집자가 출산했을 때 남편이 지방에서 근무하고 있어서 혼자 택시를 잡아타고 병원에 가서 아이를 낳았다고 하기에 "그래도 당신 남편은 나보다 낫네. 나는 딸이 태어났을 때 이라크에 있었거든"이라고 말하게 되었다. 파병을 끝내고 서울 공항에 내려 딸을 처음 안았을 때 '왕' 하고 울던 모습은 지금도 상처로 남아 있지만 "웬 시 꺼먼 사람이 안으니까 딸도 놀랐겠죠"라고 웃으며 이야기한 다. 다시 겪고 싶지는 않지만 그때의 일들은 지금의 나에 관해 이야기할 때 없어서는 안 될 중요한 과거의 조각이다.

시간의 흐름 속에서 과거는 시시각각 그 색깔이 달라진다. 도저히 견딜 수 없을 것 같던 곤경도 시간이 지나면 그럭저

력 견딜만했던 기억으로 희석된다. 세월이 더 흐르면 고난은 추억으로 수렴된다. 과거의 아픔이 미래를 향한 추동력이 되는 것도, 어느 정도 시간이 흘러야 가능한 법이다.

과거사를 너무 조급하게 재단하면 안 된다. 얼마 지나지 않은 일을 경망스럽게 털어버리려고 하면 역사는 퇴색된다. 불쾌한 감정이 남아 있을 때는, 진실도 흐려진다. 내 마음에 맞는 것은 선이고 그렇지 않으면 모두 악으로 몰고 갈 위험이 크다.

숙성되지 않은 과거는 가슴에 묻고 주어진 소명에 묵묵히 최선을 다하는 게 먼저다. 그렇게 시간이 어느 정도 흘러야 비로소 '이건 옳았다', '저건 그르다'고 말할 수 있게 된다. 과거를 제대로 보고 진정한 가치를 깨닫게 되기까지는, 언제나 긴 시간이 필요하다.

2003년 이라크 전쟁이 일어났고 우리나라도 파병 찬반 논쟁이 격렬했다. 후방인 국군대구병원에서 군의관 1년 차로 근무하고 있었던 나는 이라크 파병 인원으로 차출될 가능성이 있다는 것을 알았지만, 한편으로는 '곧 아빠가 될 내게 파병 통지가 오겠어'라며 안심하고 있었다. 하지만 예상은 빗나가지 않았다. 몇 달 후면 아빠가 될 나에게 파병 통지서가 날아들었다. 막막했다. 앞으로 어떻게 될지 아무것도 가늠할 수 없었다.

정확한 파병 일자조차 모르고 경기도 광주의 특전사 훈련소로 끌려갔다. 후방 병원 군의관이라 입대 이후에도 정신과 의사 노릇이 주된 임무라 군기가 한참 빠져 있었는데, 전쟁터로 간다고 하니 불안이 앞섰다. 그런데 막상 이라크 땅을 밟고 얼마 지나자 군인의 느낌이 차올랐다. 늠름하다고는 차마 말 못하겠지만, 그럭저럭 전쟁터 군의관의 모양을 갖추어갔다. 역시 사람이 바뀌려면 (마음가짐도 중요하지만) 새로운 환경에 뛰어드는 것만 한 것이 없다.

빨간색이 보내는
신호

경조증은 일반인에게는 생소하겠지만 정신과에서 흔히 쓰는 용어다. 조증^{mania}보다 증세가 약한 것을 경조증^{hypomania}이라고 부른다고 하면 쉽게 이해될 듯하지만, 실제 임상 현장에서 경조증을 진단하는 것은 까다로운 일이다. 무엇보다 경조증과 정상을 구별하는 것이 어렵다. 기발한 아이디어를 쏟아내며 쉬지 않고 일해도 지치지 않는 것이 '남다른 에너지를 지닌 정력적인 사람'이어서 그런지, 아니면 경조증 때문에 '방방 들떠 있는 것'인지 감별하는 게 쉽지 않을 때가 종종 있다.

정신과 전문의가 정상과 비정상도 제대로 구별 못 하냐고 하겠지만, 그 경계를 수시로 넘나드는 것이 인간의 마음이라 어쩔 수 없다. 우울증이나 조울증 같은 기분장애를 전공한 정신과 의사는 경조증을 폭넓게 진단하는 경향이 있는 반면, 성격 구조를 중심에 두고 판단하는 의사는 기분이 과도하게 들떠 있고 자신감이 넘쳐흐르는 것을 자기애로 해석할 수 있다. 경조증이 지나가면 우울증이 따라오기 마련인데 이때 병원을 찾으면 우울장애로 잘못 진단되기도 한다. 경조증은 팔색조처럼 양태가 획획 바뀌어서 정확한 진단을 포착해내기 어렵고, 그만큼 오진의 가능성도 크다.

진단이 정확해도 환자가 받아들이지 않을 때가 태반이다. "의욕이 넘쳐서 일도 잘 되고 기분도 좋은데, 이게 경조증 때문이라고요? 말도 안 되는 소리 하지 마세요"라고 한다. 조곤조곤 설명해주어도 인정하지 않는다. 진단보다 진단을 받아들이도록 하는 게 어렵다. 경조증(더 정확하게는 II형 양극성 장애)이라는 용어보다 환자가 수용할만한 다른 표현을 활용해서 조심스럽게 다가가야 한다.

　나도 기분장애를 전공하고 오랫동안 연구해왔지만 여전히 모르는 게 너무 많다. 교과서와 논문에 실린 지식을 쌓아왔지만 그것을 임상에 어떻게 적용해야 하는지는 풀리지 않는 숙제다. '기분의 오르내림이 어느 정도로 심해야 병리적이라고 판단할 것이냐?'에 대해서는 이 세상 누구도 '이것이 정답이다'라고 단언할 수 없다. 도무지 알 수 없는 게 사람의 마음이고, 종잡을 수 없는 게 인간의 감정이다. 마음의 문제에 관해 말할 때는 신중하고 또 신중해야만 하는 이유다. 말할 수 없는 것에 대해서는 침묵이 답이고.

'레드 플래그red flag', 우울증 환자 중에서 경조증이 동반된 환자를 가려 내려면 빨간색 신호를 잘 포착해야 한다고 해서 붙여진 명칭이다. 우울 했던 사람이 갑자기 말이 빨라지고, 한꺼번에 많은 일을 하고, 술을 자주 많이 마시고, 진통제를 남용하고, 잠을 적게 자고도 펄펄 날아다니고, 돈 을 흥청망청 쓰는 것이다. 진단적으로 꼭 옳다고 단정할 수는 없지만 다 른 사인도 있다. 평소에 항상 빨간 넥타이를 하고(여자라면 빨간색 옷을 입 고) 다닌다던가, 이혼과 재혼을 여러 번 반복한(혹은 파트너가 자주 바뀐) 히스토리가 있거나, 직업을 다양하게 바꾸었거나, 무모한 도전을 하는 사업가나 정치가도 레드 플래그로 친다. "뭐 이런 황당한 것을 진단에 활 용하냐?"고 하겠지만, 훌륭한 의사라면 환자의 미묘한 태도와 사소한 행 동, 별것 아닌 습관도 놓치지 않는다. 그 속에 진단의 단서가 숨겨져 있 으니까.

다양한 색깔로 그려낸 마음들

결심을
지키지 못하는 이유

　며칠 전 딸아이가 새해 계획표를 만들어서 보여주었다. 나름대로 잘 짰다고 여겼는지, 칭찬을 원하는 눈치였다. 그런데 나는 아쉬운 느낌이 들었다. "예쁘게 잘 만들었는데⋯⋯ 조금 고쳐보면 어떨까?"라고 했더니, 딸은 실망한 표정을 지었다. 딸의 감정을 읽고 적당히 멈추었어야 했는데, 가르치는 버릇이 튀어나오고 말았다.

"계획은 말이야······단순하고Simple, 진도를 측정할 수 있고 Measureable, 성취 가능하고Achievable, 현실적으로Realistic, 적절한 기간Timely을 고려해서 세워야 해. 계획은 스마트SMART해야 해." 정신과 의사답게 그럴듯한 이야기를 들려주었으니 도움이 될 거라 여겼다.

하지만 웬걸, 딸아이는 "나도 알아 스마트!" 하며 목청을 높였다. 나는 바로 꼬리를 내리고 후회했다. '함부로 가르치려 들지 말자'라고 다짐하지만, 번번이 잊는다. 옆에서 지켜보던 아내가 한마디 한다. "당신이나 잘해. 자기 결심도 제대로 못 지키면서 스마트는 무슨 스마트!"

해외 학술지에 발표된 심리학 연구 결과를 보니, 새해 목표 중에 실제로 달성되는 것은 8퍼센트라고 한다. 계획한 대로 되는 것은 열에 하나라는 거다. 사람들이 제대로 계획 세우는 방법을 몰라서 그럴까? 아닐 거다. 자기 계발서도 넘쳐나고 인터넷만 뒤져도 좋은 계획 짜는 법을 쉽게 알 수 있다. "벼락부자가 되겠다"는 것처럼 허황된 목표를 세우기 때문일까? 그렇지 않다. 대체로 사람들은 "올해는 술을 줄이고, 담배 끊고, 운동하고, 책을 더 많이 읽고 싶어요"라며 소박한 것을 바란다.

끝까지 계획을 밀고 나가지 못하는 진짜 이유 중 하나는, 꼰대가 되어버린 어른들의 이래라저래라 하는 일방적 가르침에 휘둘려서 자기 뜻을 제대로 펼치지 못하기 때문 아닐까? 시작도 하기 전에, 더 잘해야 한다고 다그쳐서 그런 것은 아닐까? 목표를 향해 달려가는 사람에게 진짜 필요한 것은 "너라면 충분히 해낼 수 있어"라는 진심 어린 응원일 거다. 그리고 지금 우리에게 더 많이 필요한 것은, 비록 목표에 닿지 못해도 "괜찮아, 다시 한 번 도전해봐!"라는 다독임일 테고.

빨간 의자에 다리를 꼬고 앉은 아버지는 손짓을 써가며 열심히 말하고 있다. 딸이 짓고 있는 표정이 참 오묘하다. 아버지의 시선을 피해 고개를 떨구고 있지만 입술은 앙다물었고 표정은 굳어 있다. 얌전하게 앉았지만 딸의 마음은 이미 그 자리에 없다.

아버지가 뭐라 하던 "나는 듣고 싶지 않아요"라는 듯하다. 아버지의 잔소리가 길어지면 벌떡 일어나 박차고 나가버리지 않을까? 어머니는 등을 보이고 서 있는데, 표정이 자못 궁금하다. 딸과 아버지 사이에서 눈치를 보며 전전긍긍하고 있을까? 남편에게 눈을 흘기며 "제발 그만 좀 해요"라며 눈치 주고 있을까? '아, 어쩌면 나도 그림 속 아버지와 다를 바 없겠구나' 싶어 반성한다. 잔소리와 훈계는 이제 그만!

선택하는 것이
힘든 사람에게

"결정장애의 원인은 무엇인가요?"라는 질문에 많은 전문가가 선택의 패러독스를 첫 번째로 꼽는다. 노벨 경제학상을 받은 리처드 탈러Richard Thaler가 『넛지』에서 언급한 것처럼, 선택지가 지나치게 많아지면 사람들은 결정을 유보하거나 진정으로 원하는 게 아닌, 남들에게 그럴듯하게 보일만한 것을 고르게 된다는 것이다. 결정할 때 고려할 것이 많아질수록 이런 경향은 더 크게 나타난다.

중요한 결정일수록 머뭇거리는 것은 누구에게나 나타나는 자연스러운 반응이다. 이럴 때 A나 B를 선택했을 때의 이익과 손실을 나란히 적어놓고 비교해보라고 조언하는데, 막상 해보면 도움이 되지 않을 때가 많다. 이성적으로 이익과 손실을 계산하지 못해서 그런 게 아니기 때문이다. 결정장애에 시달리는 근본 원인은 자기 욕망에 대한 확신의 결여인데, 선택지를 펼쳐두고 장단점을 아무리 적어본들 답이 나올 리 없다.

이렇게 된 것은 결정의 옳고 그름을 외부의 판단에 맡겨온 탓이 크다. 학창 시절 성적은 '내가 쓴 답이 문제집 맨 끝에 있는 것과 일치하느냐'에 따라 결정되고, 내 직무 능력은 면접관이 결정해주고, 내 삶이 행복한지는 SNS의 '좋아요' 숫자가 말해준다고 믿고 있으니까 말이다. 광고는 하나같이 '지금 당신이 원하는 것은 바로 이것입니다'라고 한시도 쉬지 않고 거짓 욕망을 주입하고 있으니 '내 욕망이 진정 내 것이 맞나?'라는 의심이 들고, 결정을 앞두고 혼란에 빠지고 만다.

정보를 아무리 긁어모아도 자기 욕망에 대한 확신이 없으면 결정장애에서 벗어날 수 없다. 복잡한 사회에서 살아남으려면 직관의 힘을 길러야 하는데, 직관이라는 것도 "내가 원하는 것이 이거다"라는 확신에서 솟아나는 법. 직관을 따르면 선택이 편해지고 결정 후의 마음도 홀가분하다. 그렇지 못하면 의심하고 회의하며 멈칫거리다 시간만 흐른다. 어떤 선택을 해도 찜찜함이 남는다. 그러니 중요한 결정을 앞에 두고 기죽지 않고 가뿐해지려면 진정으로 내가 욕망하는 것이 무엇인지에 대한 확신을 키워야 한다.

무엇을 선택해도 삶의 큰 흐름이 달라지지 않는다
는 것을 깨닫게 되면 결정장애에 시달리지 않는다.
'BOOK 1'이든 'BOOK 2', 'BOOK 3', 'BOOK 4'
든 그 안에는 나름의 의미가 있다. 그러니 어떤 것을
선택해도 괜찮다. 과감해져야 한다. 내가 하지 않은
다른 선택에 더 큰 보물이 있을 거라는 환상에서 벗
어나야, 주저하거나 후회하거나 뒤돌아보지 않는다.
인생의 진정한 의미는 '무엇을 선택하느냐'가 아니
라 '선택에 대한 책임과 그 책임에 얼마나 헌신하느
냐'가 결정한다.

그 사람이
오늘 밤 죽는다면

십수 년이 흘렀지만 지금도 생생하게 기억나는 환자가 있다. 입원해서 치료받던 중년 여성이었는데, 그녀의 마른 몸과 광대뼈가 도드라진 얼굴, 길게 흐트러진 머리카락과 높고 빠른 말투까지 글로 다 묘사하기는 어려워도 머릿속에서는 동영상처럼 리플레이할 수 있다. 입원해 있는 동안 매일 상담하고, 최선의 약을 처방했지만 "우울하다, 괴롭다"며 초조해하던 증상은 쉬이 좋아지지 않았다. 그럴수록 더 길게 상담하고 치료에 대해 깊이 고민했다. 약의 효과였는지, 시간과 정성을 쏟았기 때문인지 증상은 서서히 사라졌다. 퇴원할 만큼 좋아졌다고 판단했지만, 결과는 좋지 않았다. 그녀는 아파트에서 뛰어내려 스스로 생을 끝내고 말았다.

어떻게 했어야 자살을 막을 수 있었을까? 조금 더 입원하도록 설득했어야 했나? 더 열심히 상담하고, 더 꼼꼼하게 챙겼어야 했나? 내가 놓쳤던 것은 없었을까? 그때의 상황을 자꾸만 더듬게 되었다. 죽은 이는 영원히 떠나버렸고, 안타까움과 회한으로 만들어진 기억의 철장에 나는 갇혀버렸다.

종종 이런 상상을 한다. '지금 만나고 있는 이 사람, 통화하고 있는 이 사람이 오늘 밤 죽을지도 모른다'라고. "끔찍한 상상을 왜 하냐"며 언짢아할 수도 있겠다. 하지만 이런 상상은 내 말과 행동을 알게 모르게 변화시킨다. 누군가를 만났다 헤어질 때, 그것이 이생에서의 마지막 만남이라면 허투루 대할 수 없다. 작별 인사도 건성으로 하면 안 된다. 그가 시야에서 사라질 때까지 눈을 쉽게 뗄 수 없게 된다. 소중한 사람에게는 더 따뜻해지고 성가신 사람에게는 조금 더 관대해진다. 친절하지는 못하더라도 무례는 범하지 않게 된다. 죽음을 생각하면, 나누어야 할 사랑이 더 커진다.

'오늘이 내 생애 마지막 날이다'라고 생각하며 의도적으로 죽음 현저성mortality salience을 자극하면 한순간도 그냥 흘려버릴 수 없게 된다. 찰나가 보석이다. 인생에서 진짜 중요한 것에 시간과 에너지를 쏟아붓게 된다. 돈, 권력, 명예는 부질없다. 건강, 행복, 가족만 남는다. 미루지 않고, 지금 당장 그것을 위해 살겠다고 마음먹게 된다. 죽음을 생각할수록 삶은 소중해진다.

심리적으로 건강하다는 것은 무엇일까? '회복 탄력성'이니 '긍정성'이니 하는 용어를 늘어놓지만, 내 생각에 정신 건강에 가장 중요한 것은 '용기'다. 용기란 어떻게 생길까? 여러 가지 방법이 있겠지만 최악의 상황에서도 진정한 나로 살아가겠다고 각오를 다질 때, 비로소 용기도 생기는 게 아닐까? 용기 있는 사람이어서 이렇게 다짐하는 게 아니라, 죽음을 자각하기에 비로소 용기가 생기는 게 아닐까? 죽음 현저성을 느낄 때 '더는 눈치 보지 않고 나답게 살겠다'는 의지도 강해진다. 어떤 고난이 닥쳐도 '죽기보다 더하겠느냐'라고 여기면 담대해진다. 르네 마그리트 René Magritte의 〈향수〉를 보고 있어도 이런 생각을 하게 된다. 검은 날개가 있는 남자의 뒷모습이 쓸쓸해 보여도, 그의 곁에 사자가 있는 것을 보면 죽음의 상징과 용기의 상징은 언제나 함께 움직인다는 것을 다시금 확인하게 된다.

흔들리는 것이
정상

『위대한 개츠비』를 오랜만에 다시 꺼내 읽었다. "우리는 물결을 거스르는 배처럼, 쉴 새 없이 과거 속으로 밀려나면서도 끝내 앞으로 나아가는 것이다." 소설의 마지막 문장을 읽으며 생각했다. '우리는 지금 이 순간을 음미하며 살고 싶어도 인간의 숙명 때문에 과거와 미래 사이를 오갈 수밖에 없겠구나!'

아무리 앞으로 나아가려 해도 세상의 거친 파도가 나를 뒤로 밀어내고, 이제는 그만 멈추어 있고 싶어도 시간의 물결이 획 하고 앞으로 나를 채고 가버린다. 우리는 이렇게 앞으로 나아가다 뒤로 밀려나며 잠시도 멈추어 있을 수 없다. '멈추면 비로소 보이는 것'이 있다는 것을 알지만, 과연 누가 그렇게 할 수 있을까? 앞뒤로 흔들리며 사는 것이 우리의 진짜 삶인데.

"이 길이 맞을까, 저 길이 맞을까? 나는 어디로 가야 할까?" 우리는 매 순간 올바른 길을 찾아 고민한다. 배우자를 고를 때처럼 중요한 결정을 해야 할 순간에만 그런 것이 아니다. 치약 하나를 살 때도 쉽게 결심하지 못하고 갈팡질팡한다. '결정장애' 때문일까? 그렇지 않다. 대상을 향한 감정에는 항상 좋은 것과 나쁜 것이 섞여 있다. 우리 마음속에는 모순된 생각과 욕망이 뒤섞여 있게 마련이다. 양가감정은 자연스러운 것이다. 그래서 우리는 이렇게 할까, 저렇게 할까 사이에서 언제나 갈등할 수밖에 없다.

"길이 있다고 생각하는 것 자체가 착각이야. 인생은 황야니까."『폭풍의 언덕』은 삶의 진리를 이 문장으로 보여주었다. 지금 이 순간, 길이 보이지 않는다고 두려워할 필요 없다. 나를 위한 단 하나의 길, 나를 위한 단 하나의 올바른 선택이 있다고 생각하는 것은 착각이다. 갈피를 못 잡고 흔들린다고 잘못된 게 아니다. 이리저리 헤매는 과정 그 자체가 우리 삶이니까.

흔들린다는 것은, 고장 나지 않고 아직 살아 있다는 증명이다. 나침반의 자침이 끊임없이 움직이는 것처럼, 이 세상도 저 먼 어디인가를 향해 요동치며 길을 찾는다. 무엇보다 다행인 것은, 흔들리고 동요할 때마다 반드시 무엇인가를 얻어왔다는 것이다. 자유, 평등, 사랑……. 인간의 삶에서 소중한 가치들은 언제나 그렇게 찾아온다.

눈보라를 뚫고 항구를 나서는 증기선의 선장은 어떤 마음일까? 항구에 정박해서 때를 기다리는 게 옳을 텐데 거친 파도 속으로 기어이 배를 밀어 넣고야 마는 선장이라니, 무모하고 위험천만하다. 현실에서는 있을 수 없는 일이다. 기후가 좋지 않으면 출항이 금지되니 〈눈보라: 항구를 나서는 증기선〉처럼 하려면 감옥에 갈 각오를 해야 한다.

그런데 진짜 바다가 아니라 마음의 바다라면? 진짜 눈보라가 아니라 삶의 괴로움이라면? 이 그림 속 선장처럼 해야 한다. 마음이 고요해지기를 기다리다가는 항구 밖으로 나갈 수 없다. 그런 날은 오지 않을 테니까. 파도가 잔잔할 때만 바다로 나가겠다고 미루다 보면, 아무것도 이룰 수 없다.

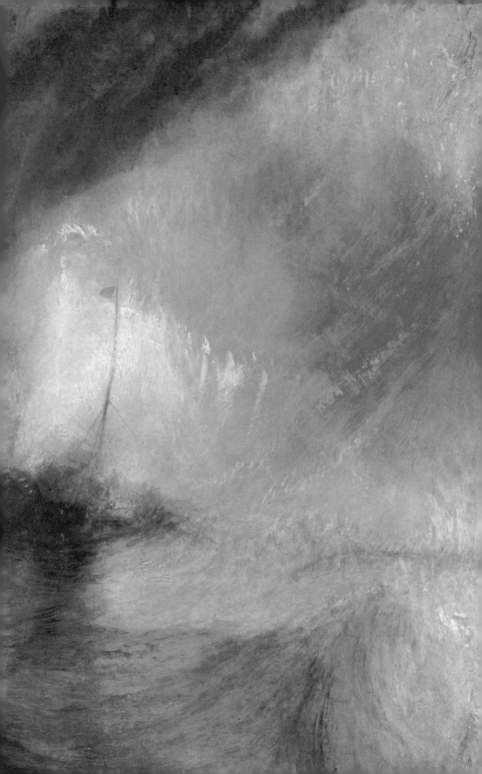

내 모습은
어느 쪽일까?

　우울증에 관해 강의할 때, 나는 명화를 끌어다 쓴다. 예를 들면 이런 식이다. 카스파어 다비트 프리드리히^{Caspar David} ^{Friedrich}의 〈창가의 여인〉과 프란시스코 고야^{Francisco Goya}의 〈알바 공작 부인의 초상〉을 나란히 놓고 보여주면서 "마음속에 자기 모습을 그려보았을 때 어느 그림과 비슷한 것 같나요?" 라고 묻는다.

사람들은 누구나 실제 모습과는 다른 자기 이미지를 품고 산다. 객관적인 내 모습이 아니라 감정으로 얼룩지고, 욕망이 투영된 이미지가 내면을 지배하고 있다. 내가 상상하는 내가 당당하면 현실에서도 그렇게 행동하게 되지만, 그림자 진 뒷모습으로 창가에 서서 어깨를 늘어뜨린 모습이 떠오른다면 우울할 수밖에 없다. 그러니 다시 한 번 자신에게 물어보자. "내 마음속에 있는 나는 어떤 그림처럼 보일까?" 명화들을 스르륵 훑어보며 마음과 공명하는 것을 찾아봐라. 그 그림이 지금 내 자존감의 높낮이를 말해준다.

연말이 되면 "내년에는 달라져야지"라는 각오를 하게 마련인데, 이때도 말보다 그림을 그려보면 좋다. 종이 위가 아니라 상상 속에 그리면 된다. 매일 운동해서 탄탄해진 다리 근육의 느낌을 떠올려도 좋고, 회식 자리를 줄이고 일찍 퇴근해서 아이에게 책 읽어주는 멋진 아빠의 모습을 그려보아도 좋다. 영화 속 주인공의 이미지에 내 모습을 덧칠해보는 거다.

"『시크릿』 같은 허무맹랑한 소리 아니냐?"라고 할 사람도 있겠지만, 그렇지 않다. 『시크릿』의 비밀은 꿈을 강렬하게 열망하는 동안 뇌에서 일어나는 변화에 있다. 중요한 시합을 앞둔 운동선수가 이미지 트레이닝으로 몸과 마음을 다잡고, 무대에 오르기 전에 눈을 감고 완벽하게 연주하는 자기 모습을 심상으로 그려내는 음악가들이 괜히 그렇게 하는 게 아니다. 상상만으로도 실제 움직일 때와 똑같은 뇌 부위가 활성화된다. 되고자 하는 내 모습에 한 걸음 더 가도록 준비시키며 신체 자원을 개발해주는 것이다.

지난 시간을 아쉬워하기보다는 다가올 시간을 위해 마음속에 희망과 기대를 불어넣어보자. 꿈을 그저 소망하는 것이 아니라 소망이 성취되어 가는 과정을 적극적으로 이미지화하고, 그것이 이루어졌을 때의 내 모습을 심상으로 만들어보자.

과연 내 마음속에 품고 있는 나에 관한 심상은 무엇일까? 자존감, 행복,
낙관, 희망과 긍정을 부르짖고 있지만, 과연 나는 나에 관해 흔들림 없는

강건한 심상을 그려낼 수 있을까? 과연 나는 그런 이미지를 가슴속에 품고 살아가고 있을까? 그렇게 할 수 있을까?

잡념을 없애는 것은
가능할까?

"자꾸 잡념이 생긴다. 걱정이 떨쳐지지 않는다." 이런 상황을 누구나 겪는다. 생각이 나를 괴롭힐 때 어떻게 해야 할까? 제일 효과 없는 게 마인드 컨트롤이다. 억지로 생각을 없애려고 하거나, 다른 생각으로 밀어내려고 하면 나중에는 그 생각이 더 자주 떠오른다. 생각 억제의 역설이라고 부르는 현상이다. "분홍색 코끼리를 생각하지 마"라고 하면 오히려 분홍색 코끼리가 머릿속을 날아다니며 생각에서 지워지지 않는 것을 말한다.

생각은 몸을 써야 조절된다. 가장 쉬운 방법은 산책이다. 무릎이 튼튼하면 뛰어도 좋다. 숲길을 걸으면 더 좋다. 녹색을 보면 마음이 안정되는 효과가 있다. "그러면 밤에는 어떻게 하냐"고 묻기도 하는데, 밤에도 역시 몸을 써야 한다. 뜨개질하거나 미루어두었던 다림질을 하면 좋다. 단순한 동작을 반복하면 잡념이 줄어든다. 이 과정에 집중하다 보면 몰입flow을 경험할 수도 있다.

"몸으로 할 만한 것도 없고, 꼼짝하기 싫을 때는 어떻게 하죠?"라고 묻는데, 이런 때는 몸의 감각 경험을 활용한다. 감각 경험이라고 하면 어렵게 느낄 수도 있겠지만, 간단하다. 지금 현재의 느낌에 주의를 기울여 집중하면 된다. 천천히 코로 숨을 들이마셨다가 입으로 내쉴 때 몸으로 들어왔다 나가는 공기의 흐름을 느끼려고 주의를 기울여보아라. 협주곡을 나지막이 틀어놓고 한 악기 소리에만 주의를 기울여 들어보는 방법도 있다. 침대에 누워 벽지에 그려진 무늬를 물끄러미 바라보아도 좋다. 다시 잡념이 들면 그 상태를 알아차리고 시각, 청각, 촉각으로 주의를 옮기면 된다. 감각에 주의를 기울이면 생각은 저절로 정돈된다.

또 하나 추천하는 방법은 '2분 동안 실컷 걱정하기'다. 사람들의 생각을 연구했더니, 대개 2분 안에 걱정하는 것이 유용한지 아닌지 판가름 난다고 한다. 고민했는데 2분 안에 답이 떠오르지 않고 기분마저 나빠지면, 생각을 계속해보아야 건설적인 답은 안 나오고 불쾌해지기만 한다는 것이다. 그러니 시간을 정해놓고 걱정한 뒤 스스로 물어야 한다. '답이 보이나? 마음은 편해졌나?' 둘 중 하나라도 '그렇다'라면 계속 고민해도 된다. 그렇지 않다면 더는 생각을 붙들고 있지 말고, 몸을 써서 떨쳐버려야 한다.

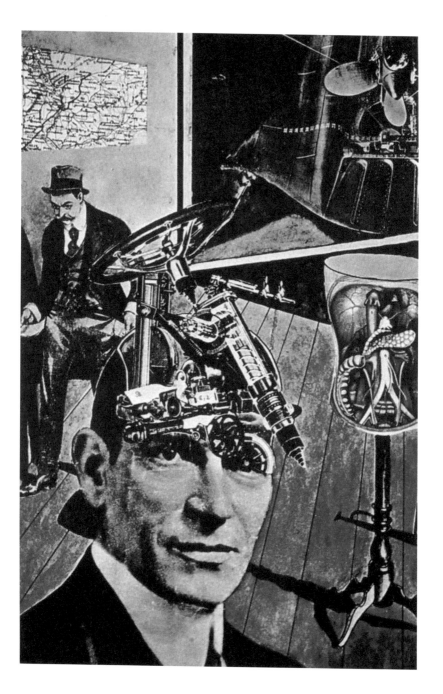

라울 하우스만Raoul Hausmann은 우리 머리를 삭막한 기계 장치로 바꾸면 완벽하게 작동하리라 기대했던 것 같다. 감정에 오염된 인간이 일으킨 최악의 결과가 전쟁이니, 〈타틀린은 집에 산다〉에는 다다이스트 하우스만의 이런 기대가 담겨 있다고 해석된다. 감정을 배제한 이성적 사고를 강조하고 싶었던 하우스만의 메시지는 잘 알겠지만, 그래도 이건 좀 과하다. 마음에서 일어나는 감정적 오류는 사람의 머리를 기계로 바꾸지 않더라도 충분히 교정할 수 있다. 일부러 고치지 않더라도, 지금 당장 해야 할 일에 에너지를 집중하면 저절로 고쳐진다. 너무 깊이 헤집고 들어갔다가는 오히려 고장만 날 뿐이다.

왜 자꾸
불안해질까?

예전에는 사람들 앞에서 발표하는 게 무척 힘들었다. 심장이 두근거리는 것은 다반사고, 목소리가 떨려서 하고 싶은 말도 제대로 못 했다. 머릿속 말들이 수증기처럼 날아가버릴까 두려워서 종이에 꼼꼼히 적어놓고 읽기도 했다. 학회에서 발표하는 것보다 대중 강연이 떨렸다. 학회에 모인 사람들은 어떤 생각을 할지 대충 알 수 있지만, 일반 강연에 참석한 다양한 배경의 낯선 사람들은 속마음이 짐작되지 않기 때문이다. '저들이 나를 어떻게 생각할까?'라는 자의식이 불안을 키웠던 거다. 하지만 지금은 웬만해서는 잘 떨지 않는다.

그전에는 '발표하다 긴장해서 얼굴이 빨개지면 창피할 텐데'라는 생각이 치밀어 올라 불안해졌는데 '창피 좀 당하고 말지 뭐'라며 뻔뻔함을 키웠더니 불안이 줄었다. 실수할까봐 떨릴 때도 "차라리 실수해버리지 뭐"라고 읊조리니까 오히려 덜 긴장하게 되었다. '마음 좀 단단히 먹어'라며 나를 다그치기보다 '불안해도 괜찮다'고 하니 편해졌다. 나 자신을 부끄럽게 여기지 않고 있는 그대로 받아들이니까 불안이 확 줄어들었다.

상담하다 보면 여러 사람 앞에서 말해야 할 때마다 불안해진다며 찾아오는 이가 꽤 많다. 정신적으로 심각한 문제가 있는 것도 아닌데 발표가 공포라고 했다. 부하 직원을 모아놓고 훈시하는 게 어렵다는 사장님도 있었다. 본인이 세운 회사의 직원들 앞에서 신년 연설하는 것이 두려워 아랫사람에게 대신시켰다고 했다. 둘만 앉아서 대화할 때는 당당한 표정에 쩌렁쩌렁하게 말도 잘 하던 사람이 낯선 사람을 만나는 게 불안하다며 "긴장하지 않게 하는 약이 있으면 처방해 달라"고 했다. 부러워할 만한 성취를 한 사람도 불안한 것은 매한가지라는 것을 경험으로 확인할 수 있었다. 겉만 보고 부러워했던 마음이 없어지니 내 안에 남아 있던 불안도 날아가버렸다.

　발표 불안은 불안을 느끼는 자신을 창피하게 여기기 때문에 생기는 것이다. 불안해도 되고, 남들도 나만큼 불안해한다는 것을 깨닫게 되면 마음은 한결 편해진다. 나를 부끄러워하지 않고, 남을 부러워하지 않으면 불안도 사라진다.

〈절규〉의 이 사람, 이상해 보이는가? 대머리에 눈썹도 없고 몸은 흐느적흐느적. 공포에 떠는 사람들은 죄다 이럴까? 불안증 환자는 불안한 상황에 처할 것 같으면, 그 일이 있기도 전에 자신이 〈절규〉 속 주인공이 될 거라 상상한다. 이런 상상이 긴장을 불안으로, 불안을 공포로 만들어버린다. 불안이 생기기도 전에 마음이 불안의 이미지를 선취하는 것이다. 하지만 극단적인 사태는 생기지 않는다. 온몸을 벌벌 떨며 귀를 막고 고함치는 모습을 상상했겠지만, 그런 일은 벌어지지 않는다. 긴장하고 예민해지기는 해도 〈절규〉처럼 되지는 않는다. 그러니 상상으로 불안을 키우지 마시라, 제발.

일을 자꾸
미루는 사람

무슨 일이든 시작이 제일 어렵다. 나도 마찬가지다. 원고 마감이 다가오는데 첫 문장도 쓰지 않은 채 인터넷 신문 기사만 들추어보고 있기 일쑤다. 시작이라는 고비를 넘기기 위해 내가 활용하는 방법은 루틴routine이다. 루틴이란 중요한 일을 시작하기 전에 항상 반복하는 행동을 말한다. 컴퓨터 자판을 두드리기 전에 커피 한 잔을 내려놓고 영국 가수 아델Adele의 음반 〈19〉를 틀어놓고 있으면 '이제 슬슬 써볼까' 하는 마음이 일어난다.

스트레스를 풀고 체중을 관리하기 위해 일주일에 두세 번씩 10킬로미터를 뛰는데, 이것도 처음에는 시작하기가 굉장히 어려웠다. 무미건조하게 달리는 게 재미도 없는데다, 뛰어야 한다는 부담감 때문에 시작이 어려웠다. 그런데 내가 좋아하는 록그룹 멈퍼드 앤드 선스Mumford & Sons의 노래 〈톰킨스 스퀘어 파크〉를 듣고 있으면 시동이 걸리기 시작한다. 이렇게 하면 억지로 해야 한다는 부담에서 벗어나 '음악이나 들어보자'라며 편하게 발을 들여놓을 수 있다.

루틴이 꼭 노래일 필요는 없다. 글쓰기 전에 연필을 깎는 사람도 있고, 유튜브로 마라톤 동영상을 보면 뛰고 싶은 욕구가 솟아난다는 이도 있다. 자기만의 루틴을 만들어두고 실천하면 시작하기가 한결 수월해진다.

자꾸 미루고, 제때 시작하지 않는 사람을 게으르다고 탓해서는 안 된다. 결과에 대한 부담이 크거나 완벽한 일 처리가

요구될수록 시작하기 어려운 법이다. 불안감이 커지면 회피 욕구도 강해지기 때문이다. 완벽에 대한 강박이 미루는 습관으로 나타나기도 한다. 완벽하게 준비되어야 시작할 수 있다는 믿음 때문에 정보만 수집하고 시작할 엄두를 못 내기 때문이다. 병적인 꾸물거림morbid procrastination 이면에는 완벽주의와 실패에 대한 두려움이 감추어져 있다.

『굿바이 게으름』 같은 자기 계발서가 시키는 대로 실천도 해보았고, 압박감도 나름 잘 처리하는데도 미루는 습관이 없어지지 않는다면? 이때는 '자아 에너지'가 고갈된 것은 아닌지 점검해보아야 한다. 너무 많은 일을 한꺼번에 처리하느라 의욕이 바닥난 것일 수 있다. 꾸물거림의 또 다른 흔한 원인이 바로 소진 증후군인데, 이때는 충분히 쉬어주면 자연히 해결된다.

미뤄두기가 가끔은 걸작을 낳기도 한다. 잭슨 폴록Jackson Pollock의 〈벽화〉가 바로 그것이다. 이 작품은 길이가 6미터에 달하는 벽화다. 1943년 페기 구겐하임Peggy Guggenheim이 뉴욕에 있는 타운 하우스를 장식할 벽화를 폴록에게 의뢰했다. 하지만 폴록은 그림을 시작조차 하지 않은 채 수개월을 흘려보냈다. 반년이 흘러도 벽은 텅텅 비어 있었고, 구겐하임은 참다못해 당장 그림을 그려놓지 않으면 없었던 일로 하겠다고 했다. 그제야

폴록은 밤을 꼬박 새워 그림을 그렸고 이튿날 아침 〈벽화〉를 완성했다.
이 작품은 추상표현주의라는 새로운 사조의 문을 연 것으로 평가받는다.
도저히 믿기지 않는 일화지만, 어찌 되었던 폴록은 미루고 미루다가 하
룻밤 벼락치기로 미술사의 전환점이 되는 명작을 창조했다. 가끔은 미뤄
두기가 걸작을 잉태하는 과정이 되기도 하는 것 같다.

의욕이
생기지 않는다면

운동은 항우울제만큼 효과가 좋다. 가벼운 우울증을 앓고 있다면 약을 먹거나 상담을 받아도 좋지만, 나는 운동을 적극적으로 권한다. 자력으로 우울증을 극복할 수 있고, 돈도 들지 않으니까.

운동하라고 권하기는 쉬워도 실천하도록 동기를 불어넣는 것은 쉽지 않다. 운동을 처방하면 대체로 이런 말부터 나온다. "의욕이 생겨야 운동을 하죠!" 꿈쩍하기 싫고 무엇을 해도 재미가 없는데 운동을 어떻게 하느냐며 답답해한다. '당신이 내 괴로움을 몰라서 그런 소리를 하는 거야'라는 듯 불만을 내비치기도 한다.

이럴 때는 운동을 잘게 쪼개준다. 30분을 걸으면 좋지만 부담스럽다면 15분이라도 좋고, 이것도 힘들면 5분이라도 걸으라고 한다. 이것도 못 하겠다면 실내복 대신 운동복으로 갈아입기만이라도 하라고 한다. 이것도 어렵다면 인터넷에서 마음에 드는 운동화를 검색하거나, 운동하는 사람의 사진이라도 찾아보라고 한다. 누워서 꿈쩍하기 싫다는 사람에게는 소파에 앉아 있기만이라도 하라고 한다. 이렇게 신체 활동을 작은 단위로 줄여나가다 보면 의욕 저하에 시달리는 사람도 '이 정도는 할 만하다'라고 느끼는 활동을 찾아낼 수 있다.

이런 기법을 떠나서, 모든 활동의 시작은 '무조건'에서 비롯된다는 것을 이해할 필요가 있다. 자동차를 밀어서 움직이게 할 때, 처음에는 무척 힘들지만 차가 움직이기 시작하면 나중에는 작은 힘으로도 앞으로 나간다. 운동의 시작도 이와 같다. 어렵더라도 시작해서 무조건 밀고 나가야 한다. 그러면 어느 순간부터 쉽게 쭉쭉 뻗어나가게 된다.

인간의 성장은 시간 흐름에 따라 우 상방을 향하는 직선이 아닌 J자 곡선 형태로 나타난다. 사람들은 무엇인가를 시작할 때 좋은 효과가 빨리 나오기를 기대하지만, 한동안은 힘만 들고 오히려 퇴보하는 것처럼 느껴진다. 그러다 어느 순간 폭발적인 상승이 J자를 그리며 나타난다. 우울할 때 운동 효과도 마찬가지다. 처음에는 힘들어도 꾸준히 몸을 움직이다 보면 의욕 저하에서 탈출할 수 있다.

처음 이 작품을 보았을 때는 조마조마했다. '링을 잡고 있는 손에 힘이 풀려 떨어지지 않을까?'라는 불길한 상상부터, 아슬아슬하게 균형을 잡은 자세에서 조금만 벗어나도 몸이 빙글 돌아갈 것 같았다. 그런데 자꾸 보고 자주 보니까 오히려 편안함이 느껴졌다. 체조 선수가 힘을 하나도 들이지 않고 링을 잡고 있다는 느낌이 전해졌기 때문이다. 아등바등 매달려 있는 게 아니라, 느긋한 마음으로 즐기고 있는 게 보였다.

어디 체조만 그러랴. 아무리 연습하고 반복해도 불안은 쉽게 떨어지지 않는다. 어정쩡하게 연습했을 때 '이만큼 연습했는데도 실수하면 어쩌지'라며 불안은 더 커지는 법이다. 숙달은 '아무튼' 시작하고 지루해도 '반복하고' 불안과 긴장을 '계속' 느끼고 났을 때 어느 순간 번쩍하고 찾아온다.

가을을 타는 이유

가을이 깊어지면 "우울해요"라는 사람이 늘어난다. 동절기로 접어들면서 일조량이 줄면, 뇌의 세로토닌 활성도가 낮아져 울적한 기분에 쉽게 휩싸일 수 있다. 그런데 감정이 요동치는 게 꼭 일조량 변화 때문만은 아니다. 가을만 되면 울적해진다는 사람은 현재에 몰입하기보다 과거의 상념에 젖거나 미래를 걱정하는 데 주의를 빼앗기는 경향이 크다. 눈앞에 펼쳐진 순간을 음미하지 않고 "아, 한 해가 다 갔는데 그동안

이룬 것은 하나도 없어"라며 후회에 빠지고 "내년에 더 힘들면 어쩌지"라고 미리 염려하니 우울해질 수밖에 없다.

가을에 쓸쓸하다 못해 울적해서 미치겠다면, 시간이 흐르고 한 해가 저물어 가는 것을 어떻게 받아들이고 있는지 마음을 살펴보아야 한다. 올해도 열심히 살았지만 정작 내 손에 남은 것은 없다며 허무함에 사로잡혀 있기보다, 비록 현실은 팍팍해도 "시간이 흘러 고통은 씻겨나가고 내년에는 새로운 가능성이 열릴 것이다"라며 기대와 희망을 불어넣어야 한다.

가을은 독서의 계절이라고 하니까 눈에 잘 들어오지도 않는 인문 서적만 들추며 실내에 박혀 있거나, 해가 짧아지고 쌀쌀해졌다며 평소에 하던 운동을 그만두면 저조한 기분에 휩싸이기 쉬워진다. 뇌는 몸의 움직임을 근거로 감정을 만들어내는데 '아, 이 사람은 움츠러들어 있네, 우울한가 보다'라며 뇌도 덩달아 움츠러든다.

"가을은 두 번째 여름이다"라는 알베르 카뮈^{Albert Camus}의 말이 딱 맞다. 가을도 여름 못지않게 야외에서 즐겨야 한다. 알록달록한 꽃으로 변한 나뭇잎들이 눈을 호강시켜주니 좋고, 산뜻한 바람을 맞으며 사랑하는 이와 손을 맞잡고 걸어도 좋다. 이토록 파란 하늘은 가을에만 볼 수 있지 않은가? 어디선가 낙엽 태우는 냄새가 날 것 같고, 감성을 자극하는 음악에 취하기에도 좋다. 미뢰를 자극하는 음식은 또 얼마나 많은가? 길지 않은 가을을 온몸으로 즐길 수 있다면 가을을 탄다며 울적한 기분에 빠질 리도 없다.

인간의 성정을 가장 자극하는 계절은 가을이다. 풍요와 쇠락, 결실과 허무가 동시에 있는 계절이니까. 하늘에는 빨간 초승달이 검은색 별무늬에 둘러싸여 있고 한 해의 시간은 점점 저물어가지만 지상에는 노란 곡식과 사람들의 박수로 흥겨움이 넘친다. 가을은 모순적인 계절이다. 풍요 속에서 끝을 준비해야 하니까. 풍족함 속에서도 빈곤을 떠올려야 하니까. 가을에 미묘한 감정에 흔들리고 마는 것은, 이런 이유다.

흐르는 세월에
대처하는 법

나이 먹는 게 그리 나쁘지 않았다. 경험이 쌓이다 보니 실수가 줄고, 실패해도 예전보다 덜 아팠다. 불운이 찾아와도 "왜 하필 나에게 이런 일이 생긴 거야!"라고 고함치기보다는 "인력으로 어떻게 할 수 없는 숙명이라는 게 있나 봐"라며 담담히 받아들이게 되었다. 미운 사람이 있어도 맞붙어 싸우기보다 무시할 수 있게 되었다. 지혜가 생겼다고는 차마 말 못하겠지만 확실히 청년 시절보다 생각이 깊어졌다. 체력이 떨어지고 건강이 나빠지는 것은 아무리 발버둥 쳐도 어쩔 수 없는 생리적 변화니, 이를 두고 푸념하지는 않는다. 그래서 누군가 나에게 "젊은 시절로 돌아갈 수 있다면, 그렇게 하실 겁니까?"라고 묻는다면 단박에 "아니요"라고 할 거다.

하지만 딱 하나, 노안老眼만은 순순히 받아들이기 어려웠다. 40대 중반을 넘어가면서 어두운 곳에서 글자가 읽히지 않고, 작은 글씨를 읽다 보면 금세 지쳤다. 책 읽고 글 쓰는 것을 늙어서도 놓지 않을 취미로 삼아왔는데, 노안이 찾아오자 노후 적금 잔고가 슬금슬금 빠져나가는 것 같은 느낌이 들었다. "돋보기를 쓰면 되잖아요"라고 하겠지만 책 보려고 돋보기를 쓰는 게 육상 선수가 지팡이 짚고 달려야 하는 상황처럼 여겨져서 위로되지 않았다.

그러다가 어느 순간 노안도 나만의 방식으로 대처해보자는 생각이 번쩍 들었다. 잔글씨가 눈에 들어오지 않고 책을 조금만 읽어도 눈이 피로해진다면, '차라리 책을 귀로 읽자.' 인터넷에는 오디오북이 넘쳐났다. 고전도 있고, 베스트셀러도 있고, 강연이나 사람 사는 이야기도 귀로 읽을 수 있었다. 해 질 무렵 차를 마시며 오디오북에서 들려오는 낭랑한 목소리를 듣는 것도 꽤 운치 있었다. 등이 깊은 소파에 앉아 창밖에서 불어오는 선선한 바람을 맞으며 알 듯 말 듯한 추상화에 시선을 두고 스피커에서 흘러나오는 낭독을 듣고 있는 노년의 내 모습을 상상해보니 꽤 괜찮은 그림이 나왔다. 그래 이거다. 노안을 '쿨하게' 받아들이는 방법으로 돋보기 대신 나는 오디오북을 선택했다.

모든 게 마음먹기 나름이라고 하지만, 내 생각은 조금 다르다. 생각으로만 내려놓고 받아들였다고 해보아야 아무 소용없다. 다른 체험을 해야 삶을 대하는 태도가 바뀌고, 사람이 변한다. 노안 때문에 서글펐던 마음이 오디오북이라는 새로운 체험으로 긍정적으로 바뀐 것처럼 말이다.

밀도 높은 원목으로 만든 군더더기 장식 없는 책상과 책장 하나, 구스 다운으로 속을 채운 널찍한 일인용 소파와 덴마크제 플로어 램프, 티볼리 라디오. 은퇴하고 나면 작은 서재에 요것들을 들여놓고 하루 종일 음악 듣고 책이나 읽으면서 살 작정이다. 취미 생활이 될 만한 것들을 이것저것 해보았는데, 다 지속 가능하지 않았다. 일렉 기타도 배워보고 테니스, 탁구, 수영도 열심히 해보았다. 한때는 골프에 미쳐 있었는데, 어느 순간 '돈과 시간을 써가며 이딴 것을 왜 하고 있나'라는 회의감이 들었다. 미술 감상을 위해 갤러리도 다니고, 명연주를 직접 듣기 위해 바지런히 연주회를 찾아다닐 때도 있었다. 그 무엇을 해도 '작은 서재의 소파에 앉아 음악 들으며 책 읽는 것'보다 재미있지 않았다. 재미 정도가 아니라, 만족을 넘어 충만한 느낌은 좋은 음악으로 공간을 채우며 글이 가슴을 두드릴 때에만 찾아왔다. 지속 가능하고 자족 가능한 놀이로 이만한 게 없다.

마음에도
온도가 있다

쌀쌀한 날씨에 외로움까지 겹치면 "옆구리가 시려"라고 톡 내뱉게 된다. 충격을 받으면 가슴이 서늘해진다. 헤어지는 연인은 이렇게 말한다. "사랑이 식어버렸어." 타오르는 분노와 싸늘한 배신, 훈훈한 감사와 뜨거운 우정처럼 감정에는 그 나름의 온도가 있다. 이렇게 생각해보니, 어쩌면 감정이란 온도계 같다는 생각이 든다. 펄펄 끓어올랐다, 냉랭하게 얼어버리는 것처럼 우리 감정도 오르락내르락하니까.

2016년에 눈길을 끄는 우울증 치료법이 해외 유명 학술지에 소개되었다. 우울증 환자를 뜨거운 열기가 나오는 통 속에 넣고 심부深部 체온이 1.5도 오를 때까지 있도록 했더니, 항우울제를 복용한 것처럼 호전되었다고 한다. 물론 이 연구 결과만으로 체온을 올리는 것이 우울증에 효과적이라고 단정할 수는 없다. 하지만 무척 흥미로운 연구로 보였다. 내가 일상에서 느꼈던 체험과 일치했기 때문이다.

나만의 우울 해소법은 몸을 뜨겁게 만드는 것이다. 기분이 처지면 뜨거운 탕에 몸을 담근다. 그러면 의욕이 슬금슬금 올라오며 활력이 꿈틀대기 시작한다. 몸과 마음이 늘어지는 날은 아침 일찍, 그리고 저녁 늦게 2번 목욕탕에 간다(시간이 남아돌아서 이렇게 하는 것은 아니다). 운동도 땀이 흠뻑 날 정도로 해야 의욕이 끓어오른다. 몸에서 열기가 올라올 정도로 해야 이런 효과가 나온다. 마음이 무거우면 더 많이 뛰려고 애를 쓴다.

지금 내 마음의 온도는 몇 도일까? 추울수록 감성도 꽁꽁 얼어버리는 것은 아닐까? 그럴수록, 몸을 뜨겁게 달궈야 한다. 몸으로 감정의 온도를 조절할 수 있다. 햇볕을 많이 쬐고, 더 많이 움직이면 기분도 변한다. 나를 뜨겁게 달구는 일에 몸을 던져넣으면 삶의 온도가 올라간다. 옆구리가 시리다면, 혼밥과 혼술이 아니라 사람 곁으로 가야 한다. SNS로 만날 것이 아니라, 얼굴을 보고 손을 잡고 체온을 나누어야 한다.

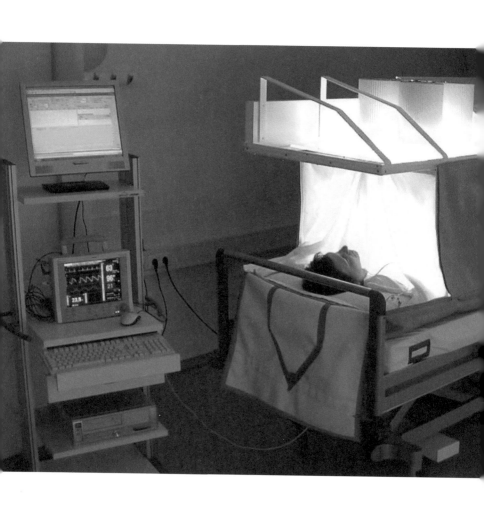

이 사진은 몸을 뜨겁게 데우는 고열 치료 기계hyperthermia device다. 『랜싯Lancet』이라는 유명 의학 학술지에 실린 연구에서 활용되었다. 우울증 환자를 통에 넣고 심부 체온을 끌어올렸더니 항우울제 치료와 동등한 효과를 얻었다고 한다. 연구니까 어쩔 수 없었겠지만 나라면 께름칙하게 느껴져서 들어가 누워 있지 못할 것 같다. 차라리 목욕탕에 가겠다. 사우나에 들어갔다 나오면 몸도 개운하지만 마음이 더 가뿐해진다. 열탕에 들어가는 것도 때를 불리기 위해서가 아니라 우울한 기분을 치료하기 위한 것일지도 모르겠다. 술 마신 다음 날 사우나에 가고 싶어지는 것도 비슷한 이치일 거다. 마음이 우울해서 차갑게 식었을 땐 몸을 뜨겁게 만들면 된다. 마음을 뜨겁게 만드는 것보다 간단하면서 효과도 좋다.

그림 목록

◇◇◇◇◇◇

그림 목록

거절하지 못하는 사람의 고통

빌헬름 렘브루크Wilhelm Lehmbruck, 〈쓰러진 남자Der Gestürzte〉, 석고, 78×240×
82.5cm, 1915~1916, 빌헬름 렘브루크 미술관.

나는 내가 제일 잘 알까?

카라바조Caravaggio, 〈나르키소스Narcissus〉 캔버스에 유채, 110×92cm, 1597~1599, 로
마 국립고전회화관.

행복은 은밀하게 추구하는 것

앙리 마티스Henri Matisse, 〈삶의 기쁨Le bonheur de vivre〉, 캔버스에 유채, 176.5×
240.7cm, 1905~1906, 반스 재단 미술관.

감정은 맥락에 따라 선택된다

제임스 앙소르James Ensor, 〈가면과 함께 있는 자화상Ensor aux masques〉, 캔버스에 유채,
120×80cm, 1899, 메나드 미술관.

방전된 마음 충전하기

페르낭 레제Fernand Léger, 〈시골 여행La Partie de campagneDeuxième état〉, 캔버스에 유채,
130.5×162cm, 1953, 퐁피두 현대미술관.

chapter 3 **그림의 위로**

왜 나는 너를 사랑할 수 없을까?

르네 마그리트René Magritte, 〈연인Les Amants〉, 캔버스에 유채, 54×73.4cm, 1928, 뉴욕
현대미술관.

칭찬하기의 어려움

마르크 샤갈Marc Chagall, 〈산책La promenade〉, 캔버스에 유채, 169.6×163.4cm,
1917~1918, 국립 러시아 미술관.

짜증이 치밀어 오를 때
게오르게 그로스George Grosz, 〈메트로폴리스Metropolis〉, 캔버스에 유채, 100×102cm,
1916~1917, 티센보르네미사 미술관.

눈물이 전하는 메시지
조지 엘가 힉스George Elgar Hicks, 〈여자의 사명: 남자의 동반자Woman's Mission:
Companion of Manhood〉, 캔버스에 유채, 76.2×64.1cm, 1863, 테이트 브리튼.

무엇을 위해 살 것인가
존 콜리어John Collier, 〈레이디 고다이바Lady Godiva〉, 캔버스에 유채, 142.2×183cm,
1897, 허버트 아트 갤러리 앤 뮤지엄.

'나쁜 남자'가 되는 이유
릴리 마틴 스펜서Lilly Martin Spencer, 〈젊은 남편: 첫 장보기Young Husband: First Marketing〉,
캔버스에 유채, 74.9×62.9cm, 1854, 개인 소장.

요리를 배우기로 했습니다
앤드루 콜리Andrew Colley, 〈요리하는 노인Old Man Cooking〉, 캔버스에 유채, 68.6×
88.9cm, 1910, 패넷 아트 갤러리.

chapter 4 마음을 움직이는 그림

자존감은 몸을 써야 커진다
귀스타브 카유보트Gustave Caillebotte, 〈대패질 하는 사람들Les raboteurs de parquet〉, 캔버
스에 유채, 102×146.5cm, 1875, 오르세 미술관.

창의성은 불안 속에서 피어난다
앙리 마티스Henri Matisse, 〈이카루스Icarus〉, 스텐실, 41.9×26cm, 1947, 뉴욕 현대미
술관.

그림 목록

아프지만 필요한 감정, 죄책감
맨 레이Man Ray, 〈선물Le Cadeau〉, 다리미와 못, 17.8×9.4×12.6cm, 1921.

외로움에 대처하는 두 가지 방법
에드워드 호퍼Edward Hopper, 〈뉴욕의 방Room in New York〉, 캔버스에 유채, 73.7×91.4cm, 1932, 셸던 미술관.

공감과 동정의 차이
월터 랭글리Walter Langley, 〈저녁이 가면 아침이 오지만 가슴은 무너지는구나Never Morning Wore to Evening but Some Heart Did Break〉, 캔버스에 유채, 122×152.4cm, 1894, 버밍엄 미술관.

모든 문제는 시간 문제다
다비드 블뤼크David Burliuk, 〈시간Time〉, 캔버스에 유채, 콜라주, 80×75cm, 1910, 드네프로페트롭스크 미술관.

빨간색이 보내는 신호
데이비드 봄버그David Bomberg, 〈붉은 모자The Red Hat〉, 캔버스에 유채, 1931.

chapter 5 다양한 색깔로 그려낸 마음들

결심을 지키지 못하는 이유
헤라르트 테르보르흐Gerard Ter borch, 〈부모의 훈계Gallant ConversationThe Paternal Admonition〉, 캔버스에 유채, 73×71cm, 1654, 암스테르담 국립미술관.

선택하는 것이 힘든 사람에게
로버트 라우션버그Robert Rauschenberg, 〈블랙 마켓Black Market〉, 혼합 재료, 125.7×149.9×10.2cm, 1961, 루드비히 박물관.

그 사람이 오늘 밤 죽는다면
르네 마그리트René Magritte, 〈향수Le mal du pays〉, 캔버스에 유채, 102×81cm, 1940.

흔들리는 것이 정상
윌리엄 터너William Turner, 〈눈보라: 항구를 나서는 증기선Snow Storm: Steam-Boat off a Harbour's Mouth〉, 캔버스에 유채, 91.4×121.9cm, 1842, 테이트 리버풀.

내 모습은 어느 쪽일까?
프란시스코 고야Francisco Goya, 〈알바 공작 부인의 초상Duquesa de Alba de negro〉, 캔버스에 유채, 210×149cm, 1797, 히스패닉 소사이어티.
카스파어 다비트 프리드리히Caspar David Friedrich, 〈창가의 여인Frau am Fenster〉, 캔버스에 유채, 73×44cm, 1822, 베를린 구 국립미술관.

잡념을 없애는 것은 가능할까?
라울 하우스만Raoul Hausmann, 〈타틀린은 집에 산다Tatlin lebt zu Hause〉, 1920, 41×28cm, 콜라주, 스톡홀름 근대미술관.

왜 자꾸 불안해질까?
에드바르 뭉크Edvard Munch, 〈절규Der Schrei〉, 종이에 유화·템페라·파스텔, 91×73.5cm, 1893, 오슬로 국립미술관.

일을 자꾸 미루는 사람
잭슨 폴록Jackson Pollock, 〈벽화Mural〉, 캔버스에 유채와 카세인, 242.9×603.9cm, 1943, 아이오와대학.

의욕이 생기지 않는다면
외젠 얀손Eugène Jansson, 〈기계체조 링 선수 No.2Ring Gymnast No.2〉, 캔버스에 유채, 191.1×202.2cm, 1912, 디트로이트 미술관.

가을을 타는 이유
나탈리아 곤차로바Natalia Goncharova, 〈수확Harvest〉, 캔버스에 유채, 1911.

흐르는 세월에 대처하는 법
카를 슈피츠베크Carl Spitzweg, 〈책벌레Der Bücherwurm〉, 패널에 유채, 21×15.5cm.

그림 목록

감정의 색깔

ⓒ 김병수, 2018

초판 1쇄 2018년 6월 29일 펴냄
초판 2쇄 2019년 3월 15일 펴냄

지은이 | 김병수
펴낸이 | 강준우
기획·편집 | 박상문, 김소현, 박효주, 김환표
디자인 | 최원영
마케팅 | 이태준
관리 | 최수향
인쇄·제본 | 대정인쇄공사

펴낸곳 | 인물과사상사
출판등록 | 제17-204호 1998년 3월 11일

주소 | 04037 서울시 마포구 양화로7길 4(서교동) 2층
전화 | 02-325-6364
팩스 | 02-474-1413

www.inmul.co.kr | insa@inmul.co.kr

ISBN 978-89-5906-503-5 03180

값 15,000원

이 도서의 국립중앙도서관 출판예정도서목록(CIP)은 서지정보유통지원시스템 홈페이지
(http://seoji.nl.go.kr)와 국가자료공동목록시스템(http://www.nl.go.kr/kolisnet)에서
이용하실 수 있습니다. (CIP제어번호: CIP2018018152)